LES FAUSSES CONFIDENCES

SK8

Ce livre je l'ai
écrit pour toi

Marivaux

POCKET CLASSIQUES

collection dirigée par Claude AZIZA

MARIVAUX

LES FAUSSES CONFIDENCES

Préface et commentaires
par Annie Collognat et Emmanuel Martin

POCKET

ISBN : 2-266-09607-9

SOMMAIRE

PRÉFACE
RÉALISME ET FANTAISIE

Le 16 mars 1737, c'est la première des *Fausses Confidences* par les Comédiens-Italiens. Araminte est jouée par l'actrice fétiche de Marivaux, Zanetta Benozzi, plus connue sous le nom de Silvia. Ce n'est pas un succès : le public a l'impression de retrouver un scénario marivaudien qu'il commence à connaître un peu trop bien, celui de la « surprise de l'amour ». Un an plus tard, les mêmes comédiens reprendront la pièce et, cette fois, obtiendront les applaudissements des spectateurs. On loue le jeu de Silvia, les lazzi d'Arlequin... ; le seul reproche ne sera pas d'ordre esthétique, mais idéologique : une « grande dame » n'épouse pas son intendant... On s'en console en faisant remarquer que, si riche soit-elle, Araminte n'est pas « de qualité ». En effet il faut être vraiment « bourgeoise », être bien peu consciente des « valeurs » qui fondent la société pour préférer un intendant à un comte !

La pièce connaîtra par la suite des fortunes et des interprétations diverses. Pour illustrer la réception de la pièce à notre époque et les questions qu'elle pose, nous avons choisi deux visions antagonistes, celle de Louis Jouvet en 1939, dont l'esprit est conservé, par exemple, dans la mise en scène de Jacques Lassalle en

1979, et celle de Christian Rist, dont la réalisation s'inscrit dans la lignée du travail remarquable de Jean-Louis Barrault et Madeleine Renaud (1938, 1946, 1959).

Dans une conférence sur Marivaux prononcée le 6 février 1939, Louis Jouvet résumait et commentait ainsi l'intrigue des *Fausses Confidences* :

> « L'affaire se passe dans une journée. Un beau matin un jeune homme se présente comme intendant chez une jeune et riche veuve dont il est amoureux. Il a de longue main préparé ses batteries pour arriver à se faire aimer car il a introduit dans la place son ancien maître d'hôtel : grâce à cette complicité, il va dans la journée, et en un tour de main, cambrioler le cœur de la jeune femme.
>
> Je ne sais pas de spectacle plus éprouvant pour la dignité humaine que les scènes où l'on voit – furtifs et moralement chaussés d'espadrilles – l'ancien maître d'hôtel et son complice, le jeune homme pauvre, fabriquant du mensonge, manigançant des intrigues, ourdissant des trames, échafaudant des embûches, pour mener à bien leur projet, et mettre à mal la riche veuve... »

« Complicité, cambrioler, mensonge, pièges, mettre à mal... » Jouvet, qui ne mettra jamais en scène Marivaux, ne voit apparemment dans la fable des *Fausses Confidences* qu'une histoire mettant aux prises une victime naïve et deux coquins. Il est certain que ce type de scénario est à la mode fin XVIIe-début XVIIIe siècle. Lesage, Dancourt, Regnard mettent en scène ce monde sans scrupules où, entre autres, la noblesse – vraie ou fausse – et la richesse sont les valeurs absolues, en particulier sur le marché matrimonial. Mais il semble difficile de leur associer Marivaux. Non pas qu'il ignore ce « marché », bien au contraire, mais il refuse de traiter ce sujet dans le cadre « sérieux » qui commence à se profiler avec la « tragédie bourgeoise » selon Diderot, qui se concrétisera dans la « comédie sérieuse » et le « drame bourgeois ».

Autre lecture, aux antipodes de celle de Jouvet, celle de Christian Rist, qu'il présente ainsi à ses spectateurs du Théâtre National de Chaillot en 1993 :

> « Je lis *Les Fausses Confidences* comme une comédie, peut-être un conte de fées. Le berger se fera aimer de la princesse. Dédale des intrigues, labyrinthe des sentiments, pressions de l'appareil social et des puissances d'argent mènent pourtant à la plus optimiste des fins : le triomphe de l'amour. »

Triomphe de l'amour, triomphe de la duperie ? L'opposition est nette. Pièce noire, pièce rose ? Comment en décider ? Lue à un premier niveau, « au pied de la lettre » et des mots, la lecture « pessimiste » semble difficile. Certes, Dorante et Dubois mentent, « machinent ». Mais, en même temps, Dorante apparaît comme bien incapable de « machiner » tout seul. Il est vraiment difficile de le percevoir comme un pur calculateur (d'ailleurs Dubois, le vrai machiavélien des sentiments de la pièce, joue de la sincérité de l'amour de Dorante et prend le risque d'un Dorante paniqué par la décision d'Araminte d'épouser Dorimont – II, 13). En fait, s'il est sûr que Dorante et Dubois mentent, Araminte justifiera elle-même leur tromperie :

> « Après tout, puisque vous m'aimez véritablement, ce que vous avez fait pour gagner mon cœur n'est point blâmable : il est permis à un amant de chercher les moyens de plaire, et on doit lui pardonner lorsqu'il a réussi » (III, 12).

Peut-on mettre en doute la réalité de l'amour de Dorante ? Araminte ne serait-elle que la dupe consentante de son désir ? Dans ce cas, pour prendre un exemple, la réponse de Dorante à Dubois : « Je l'aime avec passion, et c'est ce qui fait que je tremble » (I, 2), ne serait-elle qu'une comédie, qu'un énoncé parodique à usage interne ? Le texte à lui seul ne peut rien prouver : il peut être joué au premier degré, simple et pathétique, sincère. Mais, et nous retrouvons là l'incertitude, la plasticité fondamentales des textes de théâtre tant qu'ils n'ont pas été « interprétés », non pas par le lecteur, mais par le comédien. Une touche d'ironie dans cette réplique et celle-ci devient une pointe cynique, un clin d'œil entre deux complices tels que les voit Jouvet. Si l'on veut pousser dans le même sens, on pourrait voir dans l'aveu final de Dorante à Araminte la « cerise sur le gâteau » de ce *picaro* de l'amour, sûr de lui, qu'est le « jeune homme pauvre ».

Mais à ce jeu on risque de réécrire du Marivaux qui n'en est pas vraiment. Quand il veut représenter un jeune homme qui sait se servir de ses charmes, il le fait, et le personnage n'est pas ambigu : le Jacob de son roman inachevé *Le Paysan parvenu* sait plaire aux femmes et les utiliser pour monter dans la hiérarchie sociale. À noter que Marivaux ne le présente nullement comme un coquin, mais simplement comme quelqu'un qui a compris les mécanismes de la société et qui les manipule, sans méchanceté, à son profit.

Pour revenir à Dorante, seule une lecture globale permet de juger de sa sincérité. Chacune de ses répliques peut, isolément, être jouée dans le registre indiqué par Jouvet. Cela dit, la lecture « optimiste » reste la plus évidente, et, surtout – plutôt que d'affronter les lectures différentes qu'en peut faire notre siècle finissant – ce que l'on sait sur la réception de la pièce en 1737 et 1738 par le public de l'époque est sans ambiguïté : dans les réserves de 1737, comme dans les éloges de 1738, *Les Fausses Confidences* n'apparaissent en rien comme le premier « drame bourgeois » de Marivaux, mais bien comme une vraie comédie, dans la lignée de ses comédies précédentes... et suivantes. Car il faut bien voir que Marivaux refusera de suivre les nouvelles modes qui aboutiront à la « comédie sérieuse » et au « drame bourgeois ». *Les Fausses Confidences* sont sa dernière grande comédie en trois actes. Il n'écrira ensuite que des comédies en un acte, toujours dans le même esprit, avant de se retirer sur la pointe des pieds.

Cela dit, *Les Fausses Confidences*, même si elles demeurent une comédie légère et fantaisiste, n'en sont pas moins ancrées dans un réel historique et socio-économique très « réaliste ». La maison d'Araminte (de sa mère plus précisément – et il n'est pas indifférent qu'à la fin de la pièce ce logis maternel soit abandonné par Araminte et Dorante), les divers personnages qui y passent, l'évocation de la topographie parisienne, la problématique économique qui est au centre de l'intrigue (riche veuve de financier, noble désargenté, bourgeois qui a du mérite mais pas un sou...), tout cela donne à la pièce un effet de réel, que, par exemple, on ne trouvait pas dans *Le Jeu de l'Amour et Hasard*. Mais, si, en tant que journaliste, Marivaux est capable d'écrire des textes vibrants d'indignation sur l'inégale répartition des richesses et sur cette exclusion sociale qu'est la pauvreté, le dramaturge abandonne le ton pamphlétaire, tout en mettant en scène, mais sur le mode léger, les tares de la société qu'il connaît. La réplique la plus « subversive » de la pièce est peut-être celle d'Araminte (I, 7) : « Je suis toujours fâchée de voir d'honnêtes gens sans fortune, tandis qu'une infinité de gens de rien, et sans mérite, en ont une éclatante. » Le Marivaux journaliste écrit d'une encre plus corrosive. Même sa pièce peut-être la plus grinçante, la plus « méchante » pour ses personnages, *Le Legs*, garde la légèreté marivaudienne de la comédie et reste étrangère au drame.

Dans le couple Dubois-Dorante certains ont cru voir une préfiguration de Vautrin-Rubempré chez Balzac. Mais c'est vraiment plaquer artificiellement le roman balzacien sur une œuvre et des personnages qui n'ont aucun rapport avec lui. D'ailleurs, Marivaux romancier n'est pas non plus Balzac. Autre prolongation que l'on pourrait qualifier de « romanesque » des *Fausses Confidences*, Lassalle imagine une suite à la pièce : Dubois ferait les frais du mariage de Dorante et Araminte ; une fois la machination réussie, on n'aurait plus besoin du machinateur, d'autant plus qu'il serait le rappel vivant des ambiguïtés ayant présidé à leur union. Il est toujours dangereux d'écrire des suites aux œuvres déjà existantes. Le dénouement-pirouette, gai et ludique, de la pièce ne semble guère coïncider avec cette exclusion de Dorante. En bref *Les Fausses Confidences* ne sont pas une comédie comme le *Turcaret* de Lesage (1708) où tous les personnages sont des crapules.

Mais si le thème de l'amour est au cœur des *Fausses Confidences*, cela n'empêche pas que celui de l'argent y soit au moins aussi présent. Le problème central est bien que, malgré son manque de fortune, Dorante puisse épouser Araminte. Pour le Comte le mariage est d'abord une affaire d'argent. Marton n'oublie pas ses mille écus, et M. Remy trouve insensé qu'on puisse refuser un mariage richement doté. Ne parlons pas de Mme Argante, qui sait bien que c'est grâce à la fortune de sa fille qu'elle pourra devenir « la mère de Madame la Comtesse Dorimont ». Il n'est pas jusqu'au naïf Arlequin qui ne rappelle à Dorante que, dans ce monde, c'est celui qui paye qui est le maître (I, 9).

Ainsi l'argent est partout dans *Les Fausses Confidences*, mais le traitement du thème, tout en étant « véridique » (qu'une grande dame épouse son intendant était en effet à cette époque tout à fait inconvenant !), dénouement excepté (qui, lui, relève de la « vérité » du fantasme), le traitement, lui, ne relève pas du réalisme. Et c'est là que la métaphore du « conte de fées » introduite par Rist peut être opératoire. L'argent représente dans *Les Fausses Confidences* l'obstacle que doit surmonter le héros pour pouvoir épouser la Princesse. Comme bien des héros de conte, Dorante est singulièrement passif, défaitiste, et sans son auxiliaire magique, Dubois, jamais il n'aurait épousé la Princesse. Plutôt que le couple Vautrin-Rubempré il faudrait évoquer le couple Chat-Cadet dans *Le Chat botté* ! Pour comprendre *Les Fausses Confidences* il faut aussi se référer à un genre que Marivaux connaît bien et qu'il a pratiqué dans sa jeunesse, le roman chevaleresque parodique.

On sait que l'une des obligations majeures de l'amant courtois est le secret absolu sur son amour. Dans sa pièce Marivaux opère une variation ingénieuse sur ce motif du secret. En effet, ce n'est pas seulement à autrui que Dorante doit cacher son amour, mais à celle qu'il aime. Or, s'il ne dit pas son amour, comment a-t-il la moindre chance de se faire aimer ? C'est cela l'enjeu fondamental de la pièce. Comment communiquer sans rien dire ? Grâce au génie de Dubois, tous les personnages de la pièce seront entraînés dans une mécanique dont la seule fonction sera de dire ce que Dorante ne « doit » pas dire. C'est ainsi qu'Araminte sera la dernière à savoir qu'elle aime Dorante. Dans le domaine du « dire », Araminte avait dû aussi entendre Dorante tenir un discours amoureux exalté sur une dame fictive objet de son amour, tout en sachant qu'il s'agissait d'elle-même. Et là nous quittions le pur domaine verbal : face à face, c'étaient deux corps, deux désirs qui, à travers le masque du langage, se rejoignaient (II, 15).

C'est ce qu'affirme dès le début le *deus ex machina* de la pièce, Dubois : « Quand l'amour parle, il est le maître et il parlera » (I, 2). Mais il est plus que le *deus ex machina* traditionnel de la comédie qui, le plus souvent, ne se manifeste qu'à la fin pour rétablir une situation compromise ; lui, c'est toute l'intrigue qu'il mène, du début à la fin. Comme on disait à l'époque, il est un valet-« machiniste ». Délégué de l'auteur dans la pièce, il connaît le monde, le cœur des hommes et des femmes. Omniscient, guide ironique et dévoué de son ex-maître, il est l'héritier du valet de comédie de l'Antiquité et de l'Âge classique. Il est même plus, puisqu'il occupe la place du père bienveillant marivaudien (que l'on songe à l'Orgon du *Jeu de l'Amour et du Hasard*, lui aussi manipulateur omniscient de son futur gendre et de sa fille). Bien sûr, ici, nous sommes aux antipodes de la lecture de Jouvet. Dubois a finalement bien raison de conclure la pièce par cette réplique : « Ouf ! ma gloire m'accable ; je mériterais bien d'appeler cette femme ma bru. »

LES FAUSSES CONFIDENCES
(Texte de 1738)

LES FAUSSES CONFIDENCES

Comédie

LES PERSONNAGES

ARAMINTE, fille de Madame Argante.
DORANTE, neveu de Monsieur Remy.
MONSIEUR REMY, procureur.
MADAME ARGANTE.
ARLEQUIN, valet d'Araminte.
DUBOIS, ancien valet de Dorante.
MARTON, suivante d'Araminte.
LE COMTE.
UN DOMESTIQUE parlant.
UN GARÇON JOAILLIER.

La scène se passe chez Madame Argante.

ACTE I

SCÈNE 1
Dorante, Arlequin.

ARLEQUIN, *introduisant Dorante.*

Ayez la bonté, Monsieur, de vous asseoir un moment dans cette salle. Mademoiselle Marton est chez Madame et ne tardera pas à descendre.

DORANTE

Je vous suis obligé.

ARLEQUIN

Si vous voulez, je vous tiendrai compagnie, de peur que l'ennui ne vous prenne ; nous discourerons [1] en attendant.

DORANTE

Je vous remercie, ce n'est point la peine, ne vous détournez point.

1. Au lieu de « discourrons ». Arlequin ne parle pas une langue impeccable ! Ses fautes ont été, la plupart du temps, « corrigées » dans les éditions postérieures à la mort de Marivaux.

ARLEQUIN

Voyez, Monsieur, n'en faites point de façon, nous avons ordre de Madame d'être honnête, et vous êtes témoin que je le suis.

DORANTE

Non, vous dis-je, je serai bien aise d'être un moment seul.

ARLEQUIN

Excusez, Monsieur, et restez à votre fantaisie.

SCÈNE 2

Dorante, Dubois, *entrant avec un air de mystère.*

DORANTE

Ah ! te voilà ?

DUBOIS

Oui, je vous guettais.

DORANTE

J'ai cru que je ne pourrais me débarrasser d'un domestique qui m'a introduit ici et qui voulait absolument me désennuyer en restant. Dis-moi, Monsieur Remy n'est donc pas encore venu ?

DUBOIS

Non ; mais voici l'heure à peu près qu'il vous a dit qu'il arriverait. (*Il cherche et regarde.*) N'y a-t-il là personne qui nous voie ensemble ? Il est essentiel que les domestiques ici ne sachent pas que je vous connaisse.

DORANTE

Je ne vois personne.

DUBOIS

Vous n'avez rien dit de notre projet à Monsieur Remy, votre parent ?

DORANTE

Pas le moindre mot. Il me présente de la meilleure foi du monde, en qualité d'intendant, à cette dame-ci dont je lui ai parlé, et dont il se trouve le procureur. Il ne sait point du tout que c'est toi qui m'as adressé à lui : il la prévint hier ; il m'a dit que je me rendisse ce matin ici, qu'il me présenterait à elle, qu'il y serait avant moi, ou que, s'il n'y était pas encore, je demandasse une mademoiselle Marton. Voilà tout, et je n'aurais garde de lui conter notre projet, non plus qu'à personne ; il me paraît extravagant, à moi qui m'y prête. Je n'en suis pourtant pas moins sensible à ta bonne volonté, Dubois ; tu m'as servi, je n'ai pu te garder, je n'ai pu même te bien récompenser de ton zèle ; malgré cela, il t'est venu dans l'esprit de faire ma fortune : en vérité, il n'est point de reconnaissance que je ne te doive.

DUBOIS

Laissons cela, Monsieur ; tenez, en un mot, je suis content de vous ; vous êtes un excellent homme, un homme que j'aime ; et si j'avais bien de l'argent, il serait encore à votre service.

DORANTE

Quand pourrai-je reconnaître tes sentiments pour moi ? Ma fortune serait la tienne ; mais je n'attends rien de notre entreprise, que la honte d'être renvoyé demain.

DUBOIS

Eh bien, vous vous en retournerez.

DORANTE

Cette femme-ci a un rang dans le monde ; elle est liée avec tout ce qu'il y a de mieux : veuve d'un mari qui avait une grande charge dans les finances ; et tu crois qu'elle fera quelque attention à moi, que je l'épouserai, moi qui ne suis rien, moi qui n'ai point de bien ?

DUBOIS

Point de bien ! votre bonne mine est un Pérou[1]. Tournez-vous un peu, que je vous considère encore ; allons, Monsieur, vous vous moquez ; il n'y a point de plus grand seigneur que vous à Paris ; voilà une taille qui vaut toutes les dignités possibles, et notre affaire est infaillible : il me semble que je vous vois déjà en déshabillé dans l'appartement de Madame.

DORANTE

Quelle chimère !

DUBOIS

Oui, je le soutiens. Vous êtes actuellement dans votre salle et vos équipages sont sous la remise.

DORANTE

Elle a plus de cinquante mille livres[2] de rente, Dubois.

DUBOIS

Ah ! vous en avez bien soixante, pour le moins.

1. Jeu de mots sur les célèbres *mines* d'or et d'argent du Pérou.
2. Environ 4 millions de francs 1994.

DORANTE

Et tu me dis qu'elle est extrêmement raisonnable.

DUBOIS

Tant mieux pour vous, et tant pis pour elle. Si vous lui plaisez, elle en sera si honteuse, elle se débattra tant, elle deviendra si faible, qu'elle ne pourra se soutenir qu'en épousant ; vous m'en direz des nouvelles. Vous l'avez vue et vous l'aimez ?

DORANTE

Je l'aime avec passion ; et c'est ce qui fait que je tremble.

DUBOIS

Oh ! Vous m'impatientez avec vos terreurs : eh que diantre ! un peu de confiance ; vous réussirez, vous dis-je. Je m'en charge, je le veux, je l'ai mis là [1] ; nous sommes convenus de toutes nos actions, toutes nos mesures sont prises ; je connais l'humeur de ma maîtresse, je sais votre mérite, je sais mes talents, je vous conduis ; et on vous aimera, toute raisonnable qu'on est ; on vous épousera, toute fière qu'on est, et on vous enrichira, tout ruiné que vous êtes, entendez-vous ? Fierté, raison et richesse, il faudra que tout se rende. Quand l'amour parle, il est le maître ; et il parlera : adieu, je vous quitte ; j'entends quelqu'un, c'est peut-être Monsieur Remy, nous voilà embarqués, poursuivons. (*Il fait quelques pas et revient.*) À propos, tâchez que Marton prenne un peu de goût pour vous. L'amour et moi, nous ferons le reste.

1. Dubois désigne sa tête.

SCÈNE 3
Monsieur Remy, Dorante.

MONSIEUR REMY

Bonjour, mon neveu ; je suis bien aise de vous voir exact. Mademoiselle Marton va venir, on est allé l'avertir. La connaissez-vous ?

DORANTE

Non, Monsieur ; pourquoi me le demandez-vous ?

MONSIEUR REMY

C'est qu'en venant ici, j'ai rêvé à une chose... Elle est jolie, au moins.

DORANTE

Je le crois.

MONSIEUR REMY

Et de fort bonne famille ; c'est moi qui ai succédé à son père ; il était fort ami du vôtre ; homme un peu dérangé [1] ; sa fille est restée sans bien ; la dame d'ici a voulu l'avoir ; elle l'aime, la traite bien moins en suivante qu'en amie ; lui a fait beaucoup de bien, lui en fera encore, et a offert même de la marier. Marton a d'ailleurs une vieille parente asthmatique dont elle hérite, et qui est à son aise ; vous allez être tous deux dans la même maison ; je suis d'avis que vous l'épousiez ; qu'en dites-vous ?

1. Qui a fait de mauvaises affaires.

DORANTE *sourit à part.*

Eh !... mais je ne pensais pas à elle.

MONSIEUR REMY

Eh bien, je vous avertis d'y penser ; tâchez de lui plaire ; vous n'avez rien, mon neveu, je dis rien qu'un peu d'espérance ; vous êtes mon héritier, mais je me porte bien, et je ferai durer cela le plus longtemps que je pourrai, sans compter que je puis me marier ; je n'en ai point d'envie, mais cette envie-là vient tout d'un coup, il y a tant de minois qui vous la donnent : avec une femme on a des enfants, c'est la coutume ; auquel cas, serviteur au collatéral [1]. Ainsi, mon neveu, prenez toujours vos petites précautions, et vous mettez en état de vous passer de mon bien, que je vous destine aujourd'hui, et que je vous ôterai demain peut-être.

DORANTE

Vous avez raison, Monsieur, et c'est aussi à quoi je vais travailler.

MONSIEUR REMY

Je vous y exhorte. Voici Mademoiselle Marton ; éloignez-vous de deux pas pour me donner le temps de lui demander comment elle vous trouve.

Dorante s'écarte un peu.

1. Serviteur ! : formule pour signifier à quelqu'un qu'on n'a plus rien à dire.

SCÈNE 4
Monsieur Remy, Marton, Dorante.

MARTON

Je suis fâchée, Monsieur, de vous avoir fait attendre ; mais j'avais affaire chez Madame.

MONSIEUR REMY

Il n'y a pas grand mal, Mademoiselle, j'arrive. Que pensez-vous de ce grand garçon-là ? (*Montrant Dorante.*)

MARTON, *riant.*

Eh ! par quelle raison, Monsieur Remy, faut-il que je vous le dise ?

MONSIEUR REMY

C'est qu'il est mon neveu.

MARTON

Eh bien ! ce neveu-là est bon à montrer ; il ne dépare point la famille.

MONSIEUR REMY

Tout de bon ? C'est de lui dont j'ai parlé à Madame pour intendant, et je suis charmé qu'il vous revienne : il vous a déjà vue plus d'une fois chez moi quand vous y êtes venue ; vous en souvenez-vous ?

MARTON

Non ; je n'en ai point d'idée.

MONSIEUR REMY

On ne prend pas garde à tout. Savez-vous ce qu'il me dit la première fois qu'il vous vit ? « Quelle est cette jolie fille-là ? » (*Marton sourit.*) Approchez, mon neveu. Mademoiselle, votre père et le sien s'aimaient beaucoup ; pourquoi les enfants ne s'aimeraient-ils pas ? En voilà un qui ne demande pas mieux ; c'est un cœur qui se présente bien.

DORANTE, *embarrassé.*

Il n'y a rien là de difficile à croire.

MONSIEUR REMY

Voyez comme il vous regarde ; vous ne feriez pas une si mauvaise emplette.

MARTON

J'en suis persuadée ; Monsieur prévient en sa faveur, et il faudra voir.

MONSIEUR REMY

Bon ! bon ! il faudra ! Je ne m'en irai point que cela ne soit vu.

MARTON, *riant.*

Je craindrais d'aller trop vite.

DORANTE

Vous importunez Mademoiselle, Monsieur.

MARTON

Je n'ai pourtant pas l'air si indocile.

MONSIEUR REMY, *joyeux.*

Ah ! je suis content, vous voilà d'accord. Oh çà, mes enfants (*il leur prend les mains à tous deux*), je vous fiance, en attendant mieux. Je ne saurais rester ; je reviendrai tantôt. Je vous laisse le soin de présenter votre futur à Madame. Adieu, ma nièce.

Il sort.

MARTON, *riant.*

Adieu donc, mon oncle.

SCÈNE 5
Marton, Dorante.

MARTON

En vérité, tout ceci a l'air d'un songe. Comme Monsieur Remy expédie ! Votre amour me paraît bien prompt, sera-t-il aussi durable ?

DORANTE

Autant l'un que l'autre, Mademoiselle.

MARTON

Il s'est trop hâté de partir. J'entends Madame qui vient et comme, grâce aux arrangements de Monsieur Remy, vos intérêts sont presque les miens, ayez la bonté d'aller un moment sur la terrasse, afin que je la prévienne.

DORANTE

Volontiers, Mademoiselle.

MARTON, *en le voyant sortir.*

J'admire ce penchant dont on se prend tout d'un coup l'un pour l'autre.

SCÈNE 6
Araminte, Marton.

ARAMINTE

Marton, quel est donc cet homme qui vient de me saluer si gracieusement, et qui passe sur la terrasse ? Est-ce à vous qu'il en veut ?

MARTON

Non, Madame, c'est à vous-même.

ARAMINTE, *d'un air assez vif.*

Eh bien, qu'on le fasse venir ; pourquoi s'en va-t-il ?

MARTON

C'est qu'il a souhaité que je vous parlasse auparavant. C'est le neveu de Monsieur Remy, celui qu'il vous a proposé pour homme d'affaires.

ARAMINTE

Ah, c'est là lui ! Il a vraiment très bonne façon.

MARTON

Il est généralement estimé ; je le sais.

ARAMINTE

Je n'ai point de peine à le croire ; il a tout l'air de le mériter. Mais, Marton, il a si bonne mine pour un intendant, que je me fais quelque scrupule de le prendre ; n'en dira-t-on rien ?

MARTON

Et que voulez-vous qu'on dise ? Est-on obligé de n'avoir que des intendants mal faits ?

ARAMINTE

Tu as raison. Dis-lui qu'il revienne. Il n'était pas nécessaire de me préparer à le recevoir. Dès que c'est Monsieur Remy qui me le donne, c'en est assez ; je le prends.

MARTON, *comme s'en allant.*

Vous ne sauriez mieux choisir. (*Et puis revenant.*) Êtes-vous convenue du parti[1] que vous lui faites ? Monsieur Remy m'a chargée de vous en parler.

ARAMINTE

Cela est inutile. Il n'y aura point de dispute là-dessus. Dès que c'est un honnête homme, il aura lieu d'être content. Appelez-le.

MARTON, *hésitant à partir.*

On lui laissera ce petit appartement qui donne sur le jardin, n'est-ce pas ?

ARAMINTE

Oui, comme il voudra ; qu'il vienne.

Marton va dans la coulisse.

1. Contrat.

SCÈNE 7

Dorante, Araminte, Marton.

MARTON

Monsieur Dorante, Madame vous attend.

ARAMINTE

Venez, Monsieur ; je suis obligée à Monsieur Remy d'avoir songé à moi. Puisqu'il me donne son neveu, je ne doute pas que ce ne soit un présent qu'il me fasse. Un de mes amis me parla avant-hier d'un intendant qu'il doit m'envoyer aujourd'hui ; mais je m'en tiens à vous.

DORANTE

J'espère, Madame, que mon zèle justifiera la préférence dont vous m'honorez, et que je vous supplie de me conserver. Rien ne m'affligerait tant à présent que de la perdre.

MARTON

Madame n'a pas deux paroles.

ARAMINTE

Non, Monsieur ; c'est une affaire terminée ; je renverrai tout. Vous êtes au fait des affaires apparemment ; vous y avez travaillé ?

DORANTE

Oui, Madame ; mon père était avocat, et je pourrais l'être moi-même.

ARAMINTE

C'est-à-dire que vous êtes un homme de très bonne famille, et même au-dessus du parti[1] que vous prenez.

DORANTE

Je ne sens rien qui m'humilie dans le parti que je prends, Madame ; l'honneur de servir une dame comme vous n'est au-dessous de qui que ce soit, et je n'envierai la condition de personne.

ARAMINTE

Mes façons ne vous feront point changer de sentiment. Vous trouverez ici tous les égards que vous méritez ; et si, dans les suites, il y avait occasion de vous rendre service, je ne la manquerai point.

MARTON

Voilà Madame : je la reconnais.

ARAMINTE

Il est vrai que je suis toujours fâchée de voir d'honnêtes gens sans fortune, tandis qu'une infinité de gens de rien, et sans mérite, en ont une éclatante ; c'est une chose qui me blesse, surtout dans les personnes de son âge ; car vous n'avez que trente ans tout au plus ?

DORANTE

Pas tout à fait encore, Madame.

ARAMINTE

Ce qu'il y a de consolant pour vous, c'est que vous avez le temps de devenir heureux.

1. Emploi.

DORANTE

Je commence à l'être aujourd'hui, Madame.

ARAMINTE

On vous montrera l'appartement que je vous destine ; s'il ne vous convient pas, il y en a d'autres, et vous choisirez. Il faut aussi quelqu'un qui vous serve et c'est à quoi je vais pourvoir. Qui lui donnerons-nous, Marton ?

MARTON

Il n'y a qu'à prendre Arlequin, Madame. Je le vois à l'entrée de la salle et je vais l'appeler. Arlequin ! parlez à Madame.

SCÈNE 8

Araminte, Dorante, Marton, Arlequin.

ARLEQUIN

Me voilà, Madame.

ARAMINTE

Arlequin, vous êtes à présent à Monsieur ; vous le servirez, je vous donne à lui.

ARLEQUIN

Comment, Madame ! vous me donnez à lui ! Est-ce que je ne serai plus à moi ? Ma personne ne m'appartiendra donc plus ?

MARTON

Quel benêt !

ARAMINTE

J'entends qu'au lieu de me servir, ce sera lui que tu serviras.

ARLEQUIN, *comme pleurant.*

Je ne sais pas pourquoi Madame me donne mon congé ; je n'ai pas mérité ce traitement ; je l'ai toujours servie à faire plaisir.

ARAMINTE

Je ne te donne point ton congé, je te payerai pour être à Monsieur.

ARLEQUIN

Je représente à Madame que cela ne serait pas juste : je ne donnerai pas ma peine d'un côté, pendant que l'argent me viendra d'un autre. Il faut que vous ayez mon service puisque j'aurai vos gages ; autrement je friponnerais Madame.

ARAMINTE

Je désespère de lui faire entendre raison.

MARTON

Tu es bien sot ! quand je t'envoie quelque part ou que je te dis : « Fais telle ou telle chose », n'obéis-tu pas ?

ARLEQUIN

Toujours.

MARTON

Eh bien ! ce sera Monsieur qui te le dira comme moi, et ce sera à la place de Madame et par son ordre.

ARLEQUIN

Ah ! c'est une autre affaire. C'est Madame qui donnera ordre à Monsieur de souffrir mon service, que je lui prêterai par le commandement de Madame.

MARTON

Voilà ce que c'est.

ARLEQUIN

Vous voyez bien que cela méritait explication.

UN DOMESTIQUE *vient.*

Voici votre marchande qui vous apporte des étoffes, Madame.

ARAMINTE

Je vais les voir et je reviendrai. Monsieur, j'ai à vous parler d'une affaire ; ne vous éloignez pas.

SCÈNE 9

Dorante, Marton, Arlequin.

ARLEQUIN

Oh çà, Monsieur, nous sommes donc l'un à l'autre, et vous avez le pas sur moi ? je serai le valet qui sert ; et vous le valet qui serez servi par ordre.

MARTON

Ce faquin avec ses comparaisons ! Va-t'en.

ARLEQUIN

Un moment ; avec votre permission, Monsieur, ne payerez-vous rien ? Vous a-t-on donné ordre d'être servi gratis ?

Dorante rit.

MARTON

Allons, laisse-nous. Madame te payera ; n'est-ce pas assez ?

ARLEQUIN

Pardi, Monsieur ! je ne vous coûterai donc guère ? On ne saurait avoir un valet à meilleur marché.

DORANTE

Arlequin a raison. Tiens, voilà d'avance ce que je te donne.

ARLEQUIN

Ah ! voilà une action de maître. À votre aise le reste.

DORANTE

Va boire à ma santé.

ARLEQUIN, *s'en allant.*

Oh ! s'il ne faut que boire afin qu'elle soit bonne, tant que je vivrai, je vous la promets excellente. (*À part.*) Le gracieux camarade qui m'est venu là par hasard !

SCÈNE 10

Dorante, Marton,
Madame Argante, *qui arrive un instant après.*

MARTON

Vous avez lieu d'être satisfait de l'accueil de Madame ; elle paraît faire cas de vous, et tant mieux, nous n'y perdrons point. Mais voici Madame Argante ; je vous avertis que c'est sa mère, et je devine à peu près ce qui l'amène.

MADAME ARGANTE, *femme brusque et vaine.*

Eh bien, Marton, ma fille a un nouvel intendant que son procureur lui a donné, m'a-t-elle dit ; j'en suis fâchée ; cela n'est point obligeant pour Monsieur le Comte qui lui en avait retenu un ; du moins devait-elle attendre et les voir tous deux. D'où vient préférer celui-ci ? Quelle espèce d'homme est-ce ?

MARTON

C'est Monsieur, Madame.

MADAME ARGANTE

Hé ? c'est Monsieur ! Je ne m'en serais pas doutée ; il est bien jeune.

MARTON

À trente ans, on est en âge d'être intendant de maison, Madame.

MADAME ARGANTE

C'est selon. Êtes-vous arrêté [1], Monsieur ?

DORANTE

Oui, Madame.

MADAME ARGANTE

Et de chez qui sortez-vous [2] ?

DORANTE

De chez moi, Madame ; je n'ai encore été chez personne.

MADAME ARGANTE

De chez vous ! Vous allez donc faire ici votre apprentissage ?

MARTON

Point du tout. Monsieur entend les affaires ; il est fils d'un père extrêmement habile.

MADAME ARGANTE, *à Marton, à part.*

Je n'ai pas grande opinion de cet homme-là. Est-ce là la figure d'un intendant ? Il n'en a non plus l'air...

MARTON, *à part aussi.*

L'air n'y fait rien. Je vous réponds de lui ; c'est l'homme qu'il nous faut.

1. Définitivement engagé.
2. C'est-à-dire : dans quelle maison avez-vous été précédemment employé ? La réponse de Dorante, qui joue sur les mots, est légèrement impertinente.

MADAME ARGANTE

Pourvu que Monsieur ne s'écarte pas des intentions que nous avons, il me sera indifférent que ce soit lui ou un autre.

DORANTE

Peut-on savoir ces intentions, Madame ?

MADAME ARGANTE

Connaissez-vous Monsieur le Comte Dorimont ? C'est un homme d'un beau nom. Ma fille et lui allaient avoir un procès ensemble au sujet d'une terre considérable ; il ne s'agissait pas moins que de savoir à qui elle resterait, et on a songé à les marier pour empêcher qu'ils ne plaident. Ma fille est veuve d'un homme qui était fort considéré dans le monde et qui l'a laissée fort riche. Mais Madame la Comtesse Dorimont aurait un rang si élevé, irait de pair avec des personnes d'une si grande distinction, qu'il me tarde de voir ce mariage conclu ; et, je l'avoue, je serai charmée moi-même d'être la mère de Madame la Comtesse Dorimont, et de plus que cela peut-être ; car Monsieur le Comte Dorimont est en passe d'aller à tout.

DORANTE

Les paroles sont-elles données de part et d'autre ?

MADAME ARGANTE

Pas tout à fait encore, mais à peu près ; ma fille n'en est pas éloignée. Elle souhaiterait seulement, dit-elle, être bien instruite de l'état de l'affaire et savoir si elle n'a pas meilleur droit que Monsieur le Comte, afin que, si elle l'épouse, il lui en ait plus d'obligation. Mais j'ai quelquefois peur que ce ne soit une défaite[1]. Ma fille n'a qu'un défaut ; c'est que je ne lui trouve pas assez d'élévation. Le beau nom de Dorimont et le rang de comtesse ne la touchent pas assez ; elle ne sent pas le désagrément qu'il y a de n'être qu'une bourgeoise. Elle s'endort dans cet état, malgré le bien qu'elle a.

DORANTE, *doucement.*

Peut-être n'en sera-t-elle pas plus heureuse, si elle en sort.

MADAME ARGANTE, *vivement.*

Il ne s'agit pas de ce que vous en pensez, gardez votre petite réflexion roturière, et servez-nous, si vous voulez être de nos amis.

MARTON

C'est un petit trait de morale qui ne gâte rien à notre affaire.

MADAME ARGANTE

Morale subalterne qui me déplaît.

DORANTE

De quoi est-il question, Madame ?

MADAME ARGANTE

De dire à ma fille, quand vous aurez vu ses papiers, que son droit est le moins bon ; que si elle plaidait, elle perdrait.

DORANTE

Si effectivement son droit est le plus faible, je ne manquerai pas de l'en avertir, Madame.

1. Excuse artificieuse.

MADAME ARGANTE, *à part, à Marton.*

Hum ! quel esprit borné ! (*À Dorante.*) Vous n'y êtes point ; ce n'est pas là ce qu'on vous dit : on vous charge de lui parler ainsi, indépendamment de son droit bien ou mal fondé.

DORANTE

Mais, Madame, il n'y aurait point de probité à la tromper.

MADAME ARGENTE

De probité ! J'en manque donc, moi ? Quel raisonnement ! C'est moi qui suis sa mère, et qui vous ordonne de la tromper à son avantage, entendez-vous ? c'est moi, moi.

DORANTE

Il y aura toujours de la mauvaise foi de ma part.

MADAME ARGANTE, *à part, à Marton.*

C'est un ignorant que cela, qu'il faut renvoyer. Adieu, Monsieur l'homme d'affaires, qui n'avez fait celles de personne.

Elle sort.

SCÈNE 11
Dorante, Marton.

DORANTE

Cette mère-là ne ressemble guère à sa fille.

MARTON

Oui, il y a quelque différence, et je suis fâchée de n'avoir pas eu le temps de vous prévenir sur son humeur brusque. Elle est extrêmement entêtée de ce mariage, comme vous voyez. Au surplus, que vous importe ce que vous direz à la fille, dès que la mère sera votre garant ? Vous n'aurez rien à vous reprocher, ce me semble ; ce ne sera pas là une tromperie.

DORANTE

Eh ! vous m'excuserez : ce sera toujours l'engager à prendre un parti qu'elle ne prendrait peut-être pas sans cela. Puisque l'on veut que j'aide à l'y déterminer, elle y résiste donc ?

MARTON

C'est par indolence.

DORANTE

Croyez-moi, disons la vérité.

MARTON

Oh çà, il y a une petite raison, à laquelle vous devez vous rendre ; c'est que Monsieur le Comte me fait présent de mille écus le jour de la signature du contrat ; et cet argent-là, suivant le projet de Monsieur Remy, vous regarde aussi bien que moi, comme vous voyez.

DORANTE

Tenez, Mademoiselle Marton, vous êtes la plus aimable fille du monde ; mais ce n'est que faute de réflexion que ces mille écus vous tentent.

MARTON

Au contraire, c'est par réflexion qu'ils me tentent. Plus j'y rêve, et plus je les trouve bons.

DORANTE

Mais vous aimez votre maîtresse ; et si elle n'était pas heureuse avec cet homme-là, ne vous reprocheriez-vous pas d'y avoir contribué pour une si misérable somme ?

MARTON

Ma foi, vous avez beau dire ; d'ailleurs, le Comte est un honnête homme et je n'y entends point finesse. Voilà Madame qui revient ; elle a à vous parler. Je me retire ; méditez sur cette somme, vous la goûterez aussi bien que moi.

Elle sort.

DORANTE

Je ne suis pas si fâché de la tromper.

SCÈNE 12
Araminte, Dorante.

ARAMINTE

Vous avez donc vu ma mère ?

DORANTE

Oui, Madame, il n'y a qu'un moment.

ARAMINTE

Elle me l'a dit, et voudrait bien que j'en eusse pris un autre que vous.

DORANTE

Il me l'a paru.

ARAMINTE

Oui ; mais ne vous embarrassez point ; vous me convenez.

DORANTE

Je n'ai point d'autre ambition.

ARAMINTE

Parlons de ce que j'ai à vous dire ; mais que ceci soit secret entre nous, je vous prie.

DORANTE

Je me trahirais plutôt moi-même.

ARAMINTE

Je n'hésite point non plus à vous donner ma confiance. Voici ce que c'est : on veut me marier avec Monsieur le Comte Dorimont pour éviter un grand procès que nous aurions ensemble au sujet d'une terre que je possède.

DORANTE

Je le sais, Madame ; et j'ai le malheur d'avoir déplu tout à l'heure là-dessus à Madame Argante.

ARAMINTE

Eh ! d'où vient ?

DORANTE

C'est que si, dans votre procès, vous avez le bon droit de votre côté, on souhaite que je vous dise le contraire, afin de vous engager plus vite à ce mariage ; et j'ai prié qu'on m'en dispensât.

ARAMINTE

Que ma mère est frivole ! Votre fidélité ne me surprend point ; j'y comptais. Faites toujours de même, et ne vous choquez point de ce que ma mère vous a dit. Je la désapprouve. A-t-elle tenu quelque discours désagréable ?

DORANTE

Il n'importe, Madame ; mon zèle et mon attachement en augmentent ; voilà tout.

ARAMINTE

Et voilà pourquoi aussi je ne veux pas qu'on vous chagrine, et j'y mettrai bon ordre. Qu'est-ce que cela signifie ? Je me fâcherai, si cela continue. Comment donc ? Vous ne seriez pas en repos ! On aura de mauvais procédés avec vous, parce que vous en avez d'estimables ; cela serait plaisant !

DORANTE

Madame, par toute la reconnaissance que je vous dois, ne prenez point garde : je suis confus de vos bontés, et je suis trop heureux d'avoir été querellé.

ARAMINTE

Je loue vos sentiments. Revenons à ce procès dont il est question : si je n'épouse point Monsieur le Comte...

SCÈNE 13

Dorante, Araminte, Dubois.

DUBOIS

Madame la Marquise se porte mieux, Madame (*il feint de voir Dorante avec surprise*), et vous est fort obligée... fort obligée de votre attention.

Dorante feint de détourner la tête, pour se cacher de Dubois.

ARAMINTE

Voilà qui est bien.

DUBOIS, *regardant toujours Dorante.*

Madame, on m'a chargé aussi de vous dire un mot qui presse.

ARAMINTE

De quoi s'agit-il ?

DUBOIS

Il m'est recommandé de ne vous parler qu'en particulier.

ARAMINTE, *à Dorante.*

Je n'ai point achevé ce que je voulais dire ; laissez-moi, je vous prie, un moment, et revenez.

SCÈNE 14
Araminte, Dubois.

ARAMINTE

Qu'est-ce que c'est donc que cet air étonné que tu as marqué, ce me semble, en voyant Dorante ? D'où vient cette attention à le regarder ?

DUBOIS

Ce n'est rien, sinon que je ne saurais plus avoir l'honneur de servir Madame, et il faut que je lui demande mon congé.

ARAMINTE, *surprise.*

Quoi ! seulement pour avoir vu Dorante ici ?

DUBOIS

Savez-vous à qui vous avez à faire ?

ARAMINTE

Au neveu de Monsieur Remy, mon procureur.

DUBOIS

Eh ! Par quel tour d'adresse est-il connu de Madame ? comment a-t-il fait pour arriver jusqu'ici ?

ARAMINTE

C'est Monsieur Remy qui me l'a envoyé pour intendant.

DUBOIS

Lui, votre intendant ! Et c'est Monsieur Remy qui vous l'envoie ? Hélas ! le bon homme, il ne sait pas qui il vous donne ; c'est un démon que ce garçon-là.

ARAMINTE

Mais que signifient tes exclamations ? Explique-toi ; est-ce que tu le connais ?

DUBOIS

Si je le connais, Madame ! si je le connais ! Ah ! vraiment oui ; et il me connaît bien aussi. N'avez-vous pas vu comme il se détournait, de peur que je ne le visse ?

ARAMINTE

Il est vrai, et tu me surprends à mon tour. Serait-il capable de quelque mauvaise action, que tu saches ? Est-ce que ce n'est pas un honnête homme ?

DUBOIS

Lui ! il n'y a point de plus brave homme dans toute la terre, il a, peut-être, plus d'honneur à lui tout seul que cinquante honnêtes gens ensemble. Oh ! c'est une probité merveilleuse ; il n'a peut-être pas son pareil.

ARAMINTE

Eh ! De quoi peut-il donc être question ? D'où vient que tu m'alarmes ? En vérité, j'en suis toute émue.

DUBOIS

Son défaut, c'est là. (*Il se touche le front.*) C'est à la tête que le mal le tient.

ARAMINTE

À la tête ?

DUBOIS

Oui ; il est timbré, mais timbré comme cent.

ARAMINTE

Dorante ! Il m'a paru de très bon sens. Quelle preuve as-tu de sa folie ?

DUBOIS

Quelle preuve ? il y a six mois qu'il est tombé fou ; il y a six mois qu'il extravague d'amour, qu'il en a la cervelle brûlée, qu'il en est comme un perdu : je dois bien le savoir, car j'étais à lui, je le servais ; et c'est ce qui m'a obligé de le quitter ; et c'est ce qui me force de m'en aller encore ; ôtez cela, c'est un homme incomparable.

ARAMINTE, *un peu boudant.*

Oh bien ! Il fera ce qu'il voudra, mais je ne le garderai pas. On a bien affaire d'un esprit renversé ; et, peut-être encore, je gage, pour quelque objet qui n'en vaut pas la peine, car les hommes ont des fantaisies !...

DUBOIS

Ah ! vous m'excuserez ; pour ce qui est de l'objet, il n'y a rien à dire. Malepeste ! sa folie est de bon goût.

ARAMINTE

N'importe, je veux le congédier. Est-ce que tu la connais, cette personne ?

DUBOIS

J'ai l'honneur de la voir tous les jours ; c'est vous, Madame.

ARAMINTE

Moi, dis-tu ?

DUBOIS

Il vous adore ; il y a six mois qu'il n'en vit point, qu'il donnerait sa vie pour avoir le plaisir de vous contempler un instant. Vous avez dû voir qu'il a l'air enchanté quand il vous parle.

ARAMINTE

Il y a bien en effet quelque petite chose qui m'a paru extraordinaire. Eh ! juste ciel ! le pauvre garçon, de quoi s'avise-t-il ?

DUBOIS

Vous ne croiriez pas jusqu'où va sa démence ; elle le ruine, elle lui coupe la gorge. Il est bien fait, d'une figure passable, bien élevé et de bonne famille ; mais il n'est pas riche ; et vous saurez qu'il n'a tenu qu'à lui d'épouser des femmes qui l'étaient, et de fort aimables, ma foi, qui offraient de lui faire sa fortune, et qui auraient mérité qu'on la leur fît à elles-mêmes. Il y en a une qui n'en saurait revenir, et qui le poursuit encore tous les jours ; je le sais, car je l'ai rencontrée.

ARAMINTE, *avec négligence.*

Actuellement ?

DUBOIS

Oui, Madame, actuellement ; une grande brune très piquante, et qu'il fuit. Il n'y a pas moyen, Monsieur refuse tout. « Je les tromperais, me disait-il ; je ne puis les aimer, mon cœur est parti. » Ce qu'il disait quelquefois la larme à l'œil ; car il sent bien son tort.

ARAMINTE

Cela est fâcheux ; mais où m'a-t-il vue avant de venir chez moi, Dubois ?

DUBOIS

Hélas ! Madame, ce fut un jour que vous sortîtes de l'Opéra, qu'il perdit la raison ; c'était un vendredi, je m'en ressouviens ; oui, un vendredi ; il vous vit descendre l'escalier, à ce qu'il me raconta, et vous suivit jusqu'à votre carrosse ; il avait demandé votre nom, et je le trouvai qui était comme extasié ; il ne remuait plus.

ARAMINTE

Quelle aventure !

DUBOIS

J'eus beau lui crier : « Monsieur ! » Point de nouvelles, il n'y avait personne au logis. À la fin, pourtant, il revint à lui avec un air égaré ; je le jetai dans une voiture, et nous retournâmes à la maison. J'espérais que cela se passerait, car je l'aimais ; c'est le meilleur maître ! Point du tout, il n'y avait plus de ressource. Ce bon sens, cet esprit jovial, cette humeur charmante, vous aviez tout expédié ; et dès le lendemain nous ne fîmes plus tous deux, lui, que rêver à vous, que vous aimer ; moi, d'épier depuis le matin jusqu'au soir où vous alliez.

ARAMINTE

Tu m'étonnes à un point !...

DUBOIS

Je me fis même ami d'un de vos gens qui n'y est plus, un garçon fort exact, qui m'instruisait, et à qui je payais bouteille. « C'est à la Comédie qu'on va », me disait-il ; et je courais faire mon rapport, sur lequel, dès quatre heures, mon homme était à la porte. C'est chez Madame celle-ci, c'est chez Madame celle-là ; et, sur cet avis, nous allions toute la soirée habiter la rue, ne vous déplaise, pour voir Madame entrer et sortir, lui dans un fiacre, et moi derrière, tous deux morfondus et gelés, car c'était dans l'hiver ; lui ne s'en souciant guère, moi jurant par-ci par-là pour me soulager.

ARAMINTE

Est-il possible ?

DUBOIS

Oui, Madame. À la fin, ce train de vie m'ennuya ; ma santé s'altérait, la sienne aussi. Je lui fis accroire que vous étiez à la campagne ; il le crut, et j'eus quelque repos ; mais n'alla-t-il pas, deux jours après, vous rencontrer aux Tuileries, où il avait été s'attrister de votre absence ! Au retour, il était furieux, il voulut me battre, tout bon qu'il est ; moi, je ne le voulus point, et je le quittai. Mon bonheur ensuite m'a mis chez Madame, où, à force de se démener, je le trouve parvenu à votre intendance ; ce qu'il ne troquerait pas contre la place de l'empereur.

ARAMINTE

Y a-t-il rien de si particulier ? Je suis si lasse d'avoir des gens qui me trompent, que je me réjouissais de l'avoir, parce qu'il a de la probité ; ce n'est pas que je sois fâchée, car je suis bien au-dessus de cela.

DUBOIS

Il y aura de la bonté à le renvoyer. Plus il voit Madame, plus il s'achève.

ARAMINTE

Vraiment, je le renverrais bien ; mais ce n'est pas là ce qui le guérira. D'ailleurs, je ne sais que dire à Monsieur Remy qui me l'a recommandé ; et ceci m'embarrasse. Je ne vois pas trop comment m'en défaire honnêtement.

DUBOIS

Oui ; mais vous ferez un incurable, Madame.

ARAMINTE, *vivement.*

Oh ! tant pis pour lui. Je suis dans des circonstances où je ne saurais me passer d'un intendant ; et puis, il n'y a pas tant de risque que tu le crois. Au contraire, s'il y avait quelque chose qui pût ramener cet homme, c'est l'habitude de me voir plus qu'il n'a fait ; ce serait même un service à lui rendre.

DUBOIS

Oui, c'est un remède bien innocent. Premièrement, il ne vous dira mot ; jamais vous n'entendrez parler de son amour.

ARAMINTE

En es-tu bien sûr ?

DUBOIS

Oh ! il ne faut pas en avoir peur ; il mourrait plutôt. Il a un respect, une adoration, une humilité pour vous, qui n'est pas concevable. Est-ce que vous croyez qu'il songe à être aimé ? Nullement. Il dit que dans l'univers il n'y a personne qui le mérite ; il ne veut que vous voir, vous considérer, regarder vos yeux, vos grâces, votre belle taille ; et puis c'est tout ; il me l'a dit mille fois.

ARAMINTE, *haussant les épaules.*

Voilà qui est bien digne de compassion ! Allons, je patienterai quelques jours, en attendant que j'en aie un autre ; au surplus, ne crains rien ; je suis contente de toi ; je récompenserai ton zèle et je ne veux pas que tu me quittes, entends-tu, Dubois ?

DUBOIS

Madame, je vous suis dévoué pour la vie.

ARAMINTE

J'aurai soin de toi ; surtout, qu'il ne sache pas que je suis instruite ; garde un profond secret ; et que tout le monde, jusqu'à Marton, ignore ce que tu m'as dit ; ce sont de ces choses qui ne doivent jamais percer.

DUBOIS

Je n'en ai jamais parlé qu'à Madame.

ARAMINTE

Le voici qui revient ; va-t'en.

SCÈNE 15

Dorante, Araminte.

ARAMINTE, *un moment seule.*

La vérité est que voici une confidence dont je me serais bien passée moi-même.

DORANTE

Madame, je me rends à vos ordres.

ARAMINTE

Oui, Monsieur. De quoi vous parlais-je ? Je l'ai oublié.

DORANTE

D'un procès avec Monsieur le Comte Dorimont.

ARAMINTE

Je me remets ; je vous disais qu'on veut nous marier.

DORANTE

Oui, Madame ; et vous alliez, je crois, ajouter que vous n'étiez pas portée à ce mariage.

ARAMINTE

Il est vrai. J'avais envie de vous charger d'examiner l'affaire afin de savoir si je ne risquerais rien à plaider ; mais je crois devoir vous dispenser de ce travail ; je ne suis pas sûre de pouvoir vous garder.

DORANTE

Ah ! Madame, vous avez eu la bonté de me rassurer là-dessus.

ARAMINTE

Oui, mais je ne faisais pas réflexion que j'ai promis à Monsieur le Comte de prendre un intendant de sa main ; vous voyez bien qu'il ne serait pas honnête de lui manquer de parole ; et du moins faut-il que je parle à celui qu'il m'amènera.

DORANTE

Je ne suis pas heureux ; rien ne me réussit, et j'aurai la douleur d'être renvoyé.

ARAMINTE, *par faiblesse.*

Je ne dis pas cela ; il n'y a rien de résolu là-dessus.

DORANTE

Ne me laissez point dans l'incertitude où je suis, Madame.

ARAMINTE

Eh mais ! oui, je tâcherai que vous restiez ; je tâcherai.

DORANTE

Vous m'ordonnez donc de vous rendre compte de l'affaire en question ?

ARAMINTE

Attendons ; si j'allais épouser le Comte, vous auriez pris une peine inutile.

DORANTE

Je croyais avoir entendu dire à Madame qu'elle n'avait point de penchant pour lui.

ARAMINTE

Pas encore.

DORANTE

Et d'ailleurs, votre situation est si tranquille et si douce !

ARAMINTE, *à part.*

Je n'ai pas le courage de l'affliger... Eh bien ! oui-da ; examinez toujours, examinez. J'ai des papiers dans mon cabinet, je vais les chercher. Vous viendrez les prendre, et je vous les donnerai. (*En s'en allant.*) Je n'oserais presque le regarder.

SCÈNE 16

Dorante, Dubois, *venant d'un air mystérieux, et comme passant.*

DUBOIS

Marton vous cherche pour vous montrer l'appartement qu'on vous destine. Arlequin est allé boire ; j'ai dit que j'allais vous avertir. Comment vous traite-t-on ?

DORANTE

Qu'elle est aimable ! Je suis enchanté ! De quelle façon a-t-elle reçu ce que tu lui as dit ?

DUBOIS, *comme en fuyant.*

Elle opine tout doucement à vous garder par compassion ; elle espère vous guérir par l'habitude de la voir.

DORANTE, *charmé.*

Sincèrement ?

DUBOIS

Elle n'en réchappera point ; c'est autant de pris. Je m'en retourne.

DORANTE

Reste, au contraire ; je crois que voici Marton. Dis-lui que Madame m'attend pour me remettre des papiers, et que j'irai la trouver dès que je les aurai.

DUBOIS

Partez ; aussi bien ai-je un petit avis à donner à Marton. Il est bon de jeter dans tous les esprits les soupçons dont nous avons besoin.

SCÈNE 17
Dubois, Marton.

MARTON

Où est donc Dorante ? Il me semble l'avoir vu avec toi.

DUBOIS, *brusquement.*

Il dit que Madame l'attend pour des papiers ; il reviendra ensuite. Au reste, qu'est-il nécessaire qu'il voie cet appartement ? S'il n'en voulait pas, il serait bien délicat. Pardi, je lui conseillerais...

MARTON

Ce ne sont pas là tes affaires ; je suis les ordres de Madame.

DUBOIS

Madame est bonne et sage ; mais prenez garde, ne trouvez-vous pas que ce petit galant-là fait les yeux doux ?

MARTON

Il les fait comme il les a.

DUBOIS

Je me trompe fort, si je n'ai pas vu la mine de ce freluquet considérer, je ne sais où, celle de Madame.

MARTON

Eh bien, est-ce qu'on te fâche, quand on la trouve belle ?

DUBOIS

Non ; mais je me figure quelquefois qu'il n'est venu ici que pour la voir de plus près.

MARTON, *riant.*

Ha ! ha ! quelle idée ! Va, tu n'y entends rien ; tu t'y connais mal.

DUBOIS, *riant.*

Ha ! ha ! je suis donc bien sot !

MARTON, *riant en s'en allant.*

Ha ! ha ! l'original avec ses observations !

DUBOIS, *seul.*

Allez, allez, prenez toujours ; j'aurai soin de vous les faire trouver meilleures. Allons faire jouer toutes nos batteries.

ACTE II

SCÈNE 1

Araminte, Dorante.

DORANTE

Non, Madame, vous ne risquez rien ; vous pouvez plaider en toute sûreté. J'ai même consulté plusieurs personnes, l'affaire est excellente ; et si vous n'avez que le motif dont vous parlez pour épouser Monsieur le Comte, rien ne vous oblige à ce mariage.

ARAMINTE

Je l'affligerai beaucoup, et j'ai de la peine à m'y résoudre.

DORANTE

Il ne serait pas juste de vous sacrifier à la crainte de l'affliger.

ARAMINTE

Mais avez-vous bien examiné ? Vous me disiez tantôt que mon état était doux et tranquille ; n'aimeriez-vous pas mieux que j'y restasse ? N'êtes-vous pas un peu trop prévenu contre le mariage, et par conséquent contre Monsieur le Comte ?

DORANTE

Madame, j'aime mieux vos intérêts que les siens, et que ceux de qui que ce soit au monde.

ARAMINTE

Je ne saurais y trouver à redire ; en tout cas, si je l'épouse, et qu'il veuille en mettre un autre ici, à votre place, vous n'y perdrez point ; je vous promets de vous en trouver une meilleure.

DORANTE, *tristement.*

Non, Madame ; si j'ai le malheur de perdre celle-ci, je ne serai plus à personne ; et apparemment que je la perdrai ; je m'y attends.

ARAMINTE

Je crois pourtant que je plaiderai ; nous verrons.

DORANTE

J'avais encore une petite chose à vous dire, Madame. Je viens d'apprendre que le concierge d'une de vos terres est mort, on pourrait y mettre un de vos gens, et j'ai songé à Dubois, que je remplacerai ici par un domestique dont je réponds.

ARAMINTE

Non, envoyez plutôt votre homme au château, et laissez-moi Dubois ; c'est un garçon de confiance qui me sert bien et que je veux garder. À propos, il m'a dit, ce me semble, qu'il avait été à vous quelque temps ?

DORANTE, *feignant un peu d'embarras.*

Il est vrai, Madame ; il est fidèle, mais peu exact. Rarement, au reste, ces gens-là parlent-ils bien de ceux qu'ils ont servis. Ne me nuirait-il point dans votre esprit ?

ARAMINTE, *négligemment.*

Celui-ci dit beaucoup de bien de vous, et voilà tout. Que veut Monsieur Remy ?

SCÈNE 2

Araminte, Dorante, Monsieur Remy.

MONSIEUR REMY

Madame, je suis votre très humble serviteur. Je viens vous remercier de la bonté que vous avez eue de prendre mon neveu à ma recommandation

ARAMINTE

Je n'ai pas hésité, comme vous l'avez vu.

MONSIEUR REMY

Je vous rends mille grâces. Ne m'aviez-vous pas dit qu'on vous en offrait un autre ?

ARAMINTE

Oui, Monsieur.

MONSIEUR REMY

Tant mieux ; car je viens vous demander celui-ci pour une affaire d'importance.

DORANTE, *d'un air de refus.*

Et d'où vient, Monsieur ?

MONSIEUR REMY

Patience !

ARAMINTE

Mais, Monsieur Remy, ceci est un peu vif ; vous prenez assez mal votre temps, et j'ai refusé l'autre personne.

DORANTE

Pour moi, je ne sortirai jamais de chez Madame, qu'elle ne me congédie.

MONSIEUR REMY, *brusquement.*

Vous ne savez ce que vous dites. Il faut pourtant sortir ; vous allez voir. Tenez, Madame, jugez-en vous-même ; voici de quoi il est question. C'est une dame de trente-cinq ans, qu'on dit jolie femme, estimable, et de quelque distinction ; qui ne déclare pas son nom ; qui dit que j'ai été son procureur ; qui a quinze mille livres de rente pour le moins, ce qu'elle prouvera ; qui a vu Monsieur chez moi ; qui lui a parlé, qui sait qu'il n'a point de bien, et qui offre de l'épouser sans délai ; et la personne qui est venue chez moi de sa part doit revenir tantôt pour savoir la réponse, et vous mener tout de suite chez elle. Cela est-il net ? Y a-t-il à se consulter là-dessus ? Dans deux heures il faut être au logis. Ai-je tort, Madame ?

ARAMINTE, *froidement.*

C'est à lui de répondre.

MONSIEUR REMY

Eh bien ? À quoi pense-t-il donc ? Viendrez-vous ?

DORANTE

Non, Monsieur ; je ne suis pas dans cette disposition-là.

MONSIEUR REMY

Hum ! Quoi ? Entendez-vous ce que je vous dis, qu'elle a quinze mille livres de rente, entendez-vous ?

DORANTE

Oui, Monsieur ; mais en eût-elle vingt fois davantage, je ne l'épouserais pas ; nous ne serions heureux ni l'un ni l'autre : j'ai le cœur pris ; j'aime ailleurs.

MONSIEUR REMY, *d'un ton railleur, et traînant ses mots.*

J'ai le cœur pris ! voilà qui est fâcheux ! Ah ! ah ! le « cœur » est admirable ! Je n'aurais jamais deviné la beauté des scrupules de ce cœur-là, qui veut qu'on reste intendant de la maison d'autrui, pendant qu'on peut l'être de la sienne ! Est-ce là votre dernier mot, berger fidèle ?

DORANTE

Je ne saurais changer de sentiment, Monsieur.

MONSIEUR REMY

Oh ! le sot cœur, mon neveu ! Vous êtes un imbécile, un insensé ; et je tiens celle que vous aimez pour une guenon, si elle n'est pas de mon sentiment ; n'est-il pas vrai, Madame, et ne le trouvez-vous pas extravagant ?

ARMINTE, *doucement.*

Ne le querellez point. Il paraît avoir tort, j'en conviens.

MONSIEUR REMY, *vivement.*

Comment, Madame ! il pourrait...

ARAMINTE

Dans sa façon de penser je l'excuse. Voyez pourtant, Dorante, tâchez de vaincre votre penchant, si vous le pouvez ; je sais bien que cela est difficile.

DORANTE

Il n'y a pas moyen, Madame, mon amour m'est plus cher que ma vie.

MONSIEUR REMY, *d'un air étonné.*

Ceux qui aiment les beaux sentiments doivent être contents : en voilà un des plus curieux qui se fassent. Vous trouvez donc cela raisonnable, Madame ?

ARAMINTE

Je vous laisse, parlez-lui vous-même. (*À part.*) Il me touche tant, qu'il faut que je m'en aille.

Elle sort.

DORANTE, *à part.*

Il ne croit pas si bien me servir.

SCÈNE 3

Dorante, Monsieur Remy, Marton.

MONSIEUR REMY, *regardant son neveu.*

Dorante, sais-tu bien qu'il n'y a pas de fou aux Petites-Maisons[1] de ta force ? (*Marton arrive.*) Venez, Mademoiselle Marton.

1. L'hospice où l'on enfermait les fous.

MARTON

Je viens d'apprendre que vous étiez ici.

MONSIEUR REMY

Dites-nous un peu votre sentiment ; que pensez-vous de quelqu'un qui n'a point de bien, et qui refuse d'épouser une honnête et fort jolie femme, avec quinze mille livres de rente bien venants ?

MARTON

Votre question est bien aisée à décider. Ce quelqu'un rêve.

MONSIEUR REMY, *montrant Dorante.*

Voilà le rêveur ; et pour excuse, il allègue son cœur que vous avez pris ; mais comme apparemment il n'a pas encore emporté le vôtre, et que je vous crois encore à peu près dans tout votre bon sens, vu le peu de temps qu'il y a que vous le connaissez, je vous prie de m'aider à le rendre plus sage. Assurément vous êtes fort jolie, mais vous ne le disputerez point à un pareil établissement ; il n'y a point de beaux yeux qui vaillent ce prix-là.

MARTON

Quoi ! Monsieur Remy, c'est de Dorante que vous parlez ? C'est pour se garder à moi qu'il refuse d'être riche ?

MONSIEUR REMY

Tout juste ; et vous êtes trop généreuse pour le souffrir ?

MARTON, *avec un air de passion.*

Vous vous trompez, Monsieur, je l'aime trop moi-même pour l'en empêcher et je suis enchantée. Ah !

Dorante, que je vous estime ! Je n'aurais pas cru que vous m'aimassiez tant.

MONSIEUR REMY

Courage ! je ne fais que vous le montrer, et vous en êtes déjà coiffée ! Pardi, le cœur d'une femme est bien étonnant ! le feu y prend bien vite !

MARTON, *comme chagrine.*

Eh ! Monsieur, faut-il tant de bien pour être heureux ? Madame, qui a de la bonté pour moi, suppléera en partie par sa générosité à ce qu'il me sacrifie. Que je vous ai obligation, Dorante !

DORANTE

Oh ! non, Mademoiselle, aucune ; vous n'avez point de gré à me savoir de ce que je fais ; je me livre à mes sentiments, et ne regarde que moi là-dedans ; vous ne me devez rien ; je ne pense pas à votre reconnaissance.

MARTON

Vous me charmez ; que de délicatesse ! Il n'y a encore rien de si tendre que ce que vous me dites.

MONSIEUR REMY

Par ma foi ! je ne m'y connais donc guère ; car je le trouve bien plat. (*À Marton.*) Adieu, la belle enfant ; je ne vous aurais, ma foi, pas évaluée ce qu'il vous achète. Serviteur, idiot ; garde ta tendresse, et moi ma succession.

Il sort.

MARTON

Il est en colère ; mais nous l'apaiserons.

DORANTE

Je l'espère. Quelqu'un vient.

MARTON

C'est le Comte, celui dont je vous ai parlé, et qui doit épouser Madame.

DORANTE

Je vous laisse donc ; il pourrait me parler de son procès ; vous savez ce que je vous ai dit là-dessus, et il est inutile que je le voie.

SCÈNE 4

Le Comte, Marton.

LE COMTE

Bonjour, Marton.

MARTON

Vous voilà donc revenu, Monsieur ?

LE COMTE

Oui. On m'a dit qu'Araminte se promenait dans le jardin ; et je viens d'apprendre de sa mère une chose qui me chagrine. Je lui avais retenu un intendant qui devait aujourd'hui entrer chez elle ; et cependant elle en a pris un autre, qui ne plaît point à la mère et dont nous n'avons rien à espérer.

MARTON

Nous n'en devons rien craindre non plus, Monsieur. Allez, ne vous inquiétez point ; c'est un galant homme ;

et si la mère n'en est pas contente, c'est un peu de sa faute : elle a débuté tantôt par le brusquer d'une manière si outrée, l'a traité si mal, qu'il n'est point étonnant qu'elle ne l'ait point gagné. Imaginez-vous qu'elle l'a querellé de ce qu'il est bien fait.

LE COMTE

Ne serait-ce point lui que je viens de voir sortir d'avec vous ?

MARTON

Lui-même.

LE COMTE

Il a bonne mine, en effet, et n'a pas trop l'air de ce qu'il est.

MARTON

Pardonnez-moi, Monsieur ; car il est honnête homme.

LE COMTE

N'y aurait-il pas moyen de raccommoder cela ? Araminte ne me hait pas, je pense ; mais elle est lente à se déterminer, et, pour achever de la résoudre, il ne s'agirait plus que de lui dire que le sujet de notre discussion est douteux pour elle. Elle ne voudra pas soutenir l'embarras d'un procès. Parlons à cet intendant ; s'il ne faut que de l'argent pour le mettre dans nos intérêts, je ne l'épargnerai pas.

MARTON

Oh ! non ! ce n'est point un homme à mener par là, c'est le garçon de France le plus désintéressé.

LE COMTE

Tant pis ; ces gens-là ne sont bons à rien.

MARTON

Laissez-moi faire.

SCÈNE 5

Le Comte, Arlequin, Marton.

ARLEQUIN

Mademoiselle, voilà un homme qui en demande un autre ; savez-vous qui c'est ?

MARTON, *brusquement.*

Et qui est cet autre ? À quel homme en veut-il ?

ARLEQUIN

Ma foi, je n'en sais rien ; c'est de quoi je m'informe à vous.

MARTON

Fais-le entrer.

ARLEQUIN, *l'appelant dans la coulisse.*

Hé ! le garçon, venez ici dire votre affaire.

Il sort.

SCÈNE 6

Le Comte, Marton, le garçon.

MARTON

Qui cherchez-vous ?

LE GARÇON

Mademoiselle, je cherche un certain Monsieur à qui j'ai à rendre un portrait avec une boîte qu'il nous a fait faire ; il nous a dit qu'on ne la remît qu'à lui-même et qu'il viendrait la prendre ; mais comme mon père est obligé de partir demain pour un petit voyage, il m'a envoyé pour la lui rendre, et on m'a dit que je saurais de ses nouvelles ici. Je le connais de vue, mais je ne sais pas son nom.

MARTON

N'est-ce pas vous, Monsieur le Comte ?

LE COMTE

Non, sûrement.

LE GARÇON

Je n'ai point affaire à Monsieur, Mademoiselle, c'est une autre personne.

MARTON

Et chez qui vous a-t-on dit que vous le trouveriez ?

LE GARÇON

Chez un procureur qui s'appelle Monsieur Remy.

LE COMTE

Ah ! n'est-ce pas le procureur de Madame ? montrez-nous la boîte.

LE GARÇON

Monsieur, cela m'est défendu ; je n'ai ordre de la donner qu'à celui à qui elle est ; le portrait de la dame est dedans.

LE COMTE

Le portrait d'une dame ! Qu'est-ce que cela signifie ? Serait-ce celui d'Araminte ? Je vais tout à l'heure savoir ce qu'il en est.

Il sort.

SCÈNE 7

Marton, le garçon.

MARTON

Vous avez mal fait de parler de ce portrait devant lui. Je sais qui vous cherchez ; c'est le neveu de Monsieur Remy, de chez qui vous venez.

LE GARÇON

Je le crois aussi, Mademoiselle.

MARTON

Un grand homme, qui s'appelle Monsieur Dorante.

LE GARÇON

Il me semble que c'est son nom.

MARTON

Il me l'a dit ; je suis dans sa confidence. Avez-vous remarqué le portrait ?

LE GARÇON

Non ; je n'ai pas pris garde à qui il ressemble.

MARTON

Eh bien, c'est de moi qu'il s'agit. Monsieur Dorante n'est pas ici, et ne reviendra pas sitôt. Vous n'avez qu'à me remettre la boîte ; vous le pouvez en toute sûreté ; vous lui ferez même plaisir. Vous voyez que je suis au fait.

LE GARÇON

C'est ce qui me paraît. La voilà, Mademoiselle. Ayez donc, je vous prie, le soin de la lui rendre quand il sera venu.

MARTON

Oh ! je n'y manquerai pas.

LE GARÇON

Il y a encore une bagatelle qu'il doit dessus, mais je tâcherai de repasser tantôt ; et, s'il n'y était pas, vous auriez la bonté d'achever de payer.

MARTON

Sans difficulté. Allez. (*À part.*) Voici Dorante. (*Au garçon.*) Retirez-vous vite.

SCÈNE 8
Marton, Dorante.

MARTON, *un moment seule et joyeuse.*

Ce ne peut-être que mon portrait. Le charmant homme ! Monsieur Remy avait raison de dire qu'il y avait quelque temps qu'il me connaissait.

DORANTE

Mademoiselle, n'avez-vous pas vu ici quelqu'un qui vient d'arriver ? Arlequin croit que c'est moi qu'il demande.

MARTON, *le regardant avec tendresse.*

Que vous êtes aimable, Dorante ! je serais bien injuste de ne pas vous aimer. Allez, soyez en repos : l'ouvrier est venu, je lui ai parlé ; j'ai la boîte, je la tiens.

DORANTE

J'ignore...

MARTON

Point de mystère ; je la tiens, vous dis-je, et je ne m'en fâche pas. Je vous la rendrai quand je l'aurai vue. Retirez-vous ; voici Madame avec sa mère et le Comte : c'est peut-être de cela qu'ils s'entretiennent. Laissez-moi les calmer là-dessus, et ne les attendez pas.

DORANTE, *en s'en allant, et riant.*

Tout a réussi ; elle prend le change[1] à merveille.

SCÈNE 9

Araminte, le Comte, Madame Argante, Marton.

ARAMINTE

Marton, qu'est-ce que c'est qu'un portrait dont Monsieur le Comte me parle, qu'on vient d'apporter ici à quelqu'un qu'on ne nomme pas, et qu'on soupçonne être le mien ? Instruisez-moi de cette histoire-là.

MARTON, *d'un air rêveur.*

Ce n'est rien, Madame ; je vous dirai ce que c'est : je l'ai démêlé après que Monsieur le Comte a été parti ; il n'a que faire de s'alarmer. Il n'y a rien là qui vous intéresse.

LE COMTE

Comment le savez-vous, Mademoiselle ? vous n'avez point vu le portrait.

MARTON

N'importe ; c'est tout comme si je l'avais vu. Je sais qui il regarde ; n'en soyez point en peine.

LE COMTE

Ce qu'il y a de certain, c'est un portrait de femme ; et

1. Elle se laisse tromper.

c'est ici qu'on vient chercher la personne qui l'a fait faire, à qui on doit le rendre ; et ce n'est pas moi.

MARTON

D'accord. Mais quand je vous dis que Madame n'y est pour rien, ni vous non plus.

ARAMINTE

Eh bien ! si vous êtes instruite, dites-nous donc de quoi il est question ; car je veux le savoir. On a des idées qui ne me plaisent point. Parlez.

MADAME ARGANTE

Oui, ceci a un air de mystère qui est désagréable. Il ne faut pourtant pas vous fâcher, ma fille. Monsieur le Comte vous aime, et un peu de jalousie, même injuste, ne messied pas à un amant.

LE COMTE

Je ne suis jaloux que de l'inconnu qui ose se donner le plaisir d'avoir le portrait de Madame.

ARAMINTE, *vivement.*

Comme il vous plaira, Monsieur ; mais j'ai entendu ce que vous vouliez dire, et je crains un peu ce caractère d'esprit-là. Eh bien, Marton ?

MARTON

Eh bien, Madame, voilà bien du bruit ! c'est mon portrait.

LE COMTE

Votre portrait ?

MARTON

Oui, le mien. Eh ! pourquoi non, s'il vous plaît ? Il ne faut pas tant se récrier.

MADAME ARGANTE

Je suis assez comme Monsieur le Comte ; la chose me paraît singulière.

MARTON

Ma foi, Madame, sans vanité, on en peint tous les jours, et des plus huppées, qui ne me valent pas.

ARAMINTE

Et qu'est-ce qui a fait cette dépense-là pour vous ?

MARTON

Un très aimable homme qui m'aime, qui a de la délicatesse et des sentiments, et qui me recherche ; et puisqu'il faut vous le nommer, c'est Dorante.

ARAMINTE

Mon intendant ?

MARTON

Lui-même.

MADAME ARGANTE

Le fat, avec ses sentiments !

ARAMINTE, *brusquement.*

Eh ! vous nous trompez : depuis qu'il est ici, a-t-il eu le temps de vous faire peindre ?

MARTON

Mais, ce n'est pas d'aujourd'hui qu'il me connaît.

ARAMINTE, *vivement.*

Donnez donc.

MARTON

Je n'ai pas encore ouvert la boîte, mais c'est moi que vous y allez voir.

Araminte l'ouvre, tous regardent.

LE COMTE

Eh ! je m'en doutais bien, c'est Madame.

MARTON

Madame !... Il est vrai, et me voilà bien loin de mon compte ! (*À part.*) Dubois avait raison tantôt.

ARAMINTE, *à part.*

Et moi, je vois clair. (*À Marton.*) Par quel hasard avez-vous cru que c'était vous ?

MARTON

Ma foi, Madame, toute autre que moi s'y serait trompée. Monsieur Remy me dit que son neveu m'aime, qu'il veut nous marier ensemble ; Dorante est présent, et ne dit point non ; il refuse devant moi un très riche parti ; l'oncle s'en prend à moi, me dit que j'en suis cause. Ensuite vient un homme qui apporte ce portrait, qui vient chercher ici celui à qui il appartient ; je l'interroge : à tout ce qu'il répond, je reconnais Dorante. C'est un portrait de femme ; Dorante m'aime jusqu'à refuser sa fortune pour moi : je conclus donc que c'est moi qu'il a fait peindre. Ai-je eu tort ? J'ai pourtant mal conclu. J'y renonce ; tant d'honneur ne m'appartient point. Je crois voir toute l'étendue de ma méprise, et je me tais.

ARAMINTE

Ah ! ce n'est pas là une chose bien difficile à deviner. Vous faites le fâché, l'étonné, Monsieur le Comte ; il y a eu quelque malentendu dans les mesures que vous avez prises ; mais vous ne m'abusez point ; c'est à vous qu'on apportait le portrait. Un homme dont on ne sait pas le nom, qu'on vient chercher ici, c'est vous, Monsieur, c'est vous.

MARTON, *d'un air sérieux.*

Je ne crois pas.

MADAME ARGANTE

Oui, oui, c'est Monsieur ; à quoi bon vous en défendre ? Dans les termes où vous en êtes avec ma fille, ce n'est pas là un si grand crime ; allons, convenez-en.

LE COMTE, *froidement.*

Non, Madame, ce n'est point moi, sur mon honneur. Je ne connais pas ce Monsieur Remy ; comment aurait-on dit chez lui qu'on aurait de mes nouvelles ici ? Cela ne se peut pas.

MADAME ARGANTE, *d'un air pensif.*

Je ne faisais pas attention à cette circonstance.

ARAMINTE

Bon ! qu'est-ce qu'une circonstance de plus ou de moins ? Je n'en rabats rien. Quoi qu'il en soit, je le garde ; personne ne l'aura. Mais, quel bruit entendons-nous ? Voyez ce que c'est, Marton.

SCÈNE 10

Araminte, le Comte, Madame Argante,
Marton, Dubois, Arlequin.

ARLEQUIN, *en entrant.*

Tu es un plaisant magot[1] !

MARTON

À qui en avez-vous donc, vous autres ?

DUBOIS

Si je disais un mot, ton maître sortirait bien vite.

ARLEQUIN

Toi ? Nous nous soucions de toi et de toute ta race de canaille comme de cela.

DUBOIS

Comme je te bâtonnerais, sans le respect de Madame !

ARLEQUIN

Arrive, arrive. La voilà, Madame.

ARAMINTE

Quel sujet avez-vous donc de quereller ? De quoi s'agit-il ?

1. Figure grotesque de porcelaine, représentant un singe.

MADAME ARGANTE

Approchez, Dubois. Apprenez-nous ce que c'est que ce mot que vous diriez contre Dorante ; il serait bon de savoir ce que c'est.

ARLEQUIN

Prononce donc ce mot.

ARAMINTE

Tais-toi ; laisse-le parler.

DUBOIS

Il y a une heure qu'il me dit mille invectives, Madame.

ARLEQUIN

Je soutiens les intérêts de mon maître, je tire des gages pour cela, et je ne souffrirai pas qu'un ostrogoth menace mon maître d'un mot ; j'en demande justice à Madame.

MADAME ARGANTE

Mais, encore une fois, sachons ce que veut dire Dubois par ce mot ; c'est le plus pressé.

ARLEQUIN

Je le défie d'en dire seulement une lettre.

DUBOIS

C'est par pure colère que j'ai fait cette menace, Madame ; et voici la cause de la dispute. En arrangeant l'appartement de Monsieur Dorante, j'y ai vu par hasard un tableau où Madame est peinte, et j'ai cru qu'il fallait l'ôter, qu'il n'avait que faire là, qu'il n'était point décent qu'il y restât ; de sorte que j'ai été pour le détacher ; ce butor est venu pour m'en empêcher, et peu s'en est fallu que nous ne nous soyons battus.

ARLEQUIN

Sans doute ; de quoi t'avises-tu d'ôter ce tableau qui est tout à fait gracieux, que mon maître considérait il n'y avait qu'un moment avec toute la satisfaction possible ? Car je l'avais vu qui l'avait contemplé de tout son cœur, et il prend fantaisie à ce brutal de le priver d'une peinture qui réjouit cet honnête homme. Voyez la malice ! Ôte-lui quelque autre meuble, s'il en a trop, mais laisse-lui cette pièce, animal.

DUBOIS

Et moi, je te dis qu'on ne la laissera point, que je la détacherai moi-même, que tu en auras le démenti, et que Madame le voudra ainsi.

ARAMINTE

Eh ! que m'importe ? Il était bien nécessaire de faire ce bruit-là pour un vieux tableau qu'on a mis là par hasard, et qui y est resté. Laissez-nous. Cela vaut-il la peine qu'on en parle ?

MADAME ARGANTE, *d'un ton aigre.*

Vous m'excuserez, ma fille ; ce n'est point là sa place, et il n'y a qu'à l'ôter. Votre intendant se passera bien de ses contemplations.

ARAMINTE, *souriant d'un air railleur.*

Oh ! vous avez raison : je ne pense pas qu'il les regrette. (*À Arlequin et à Dubois.*) Retirez-vous tous deux.

SCÈNE 11

Araminte, le Comte, Madame Argante, Marton.

LE COMTE, *d'un ton railleur.*

Ce qui est de sûr, c'est que cet homme d'affaires-là est de bon goût.

ARAMINTE, *ironiquement.*

Oui, la réflexion est juste. Effectivement, il est fort extraordinaire qu'il ait jeté les yeux sur ce tableau !

MADAME ARGANTE

Cet homme-là ne m'a jamais plu un instant, ma fille ; vous le savez, j'ai le coup d'œil assez bon, et je ne l'aime point. Croyez-moi, vous avez entendu la menace que Dubois a faite en parlant de lui ; j'y reviens encore, il faut qu'il ait quelque chose à en dire. Interrogez-le ; sachons ce que c'est. Je suis persuadée que ce petit monsieur-là ne vous convient point ; nous le voyons tous ; il n'y a que vous qui n'y prenez pas garde.

MARTON, *négligemment.*

Pour moi, je n'en suis pas contente.

ARAMINTE, *riant ironiquement.*

Qu'est-ce donc que vous voyez, et que je ne vois point ? Je manque de pénétration ; j'avoue que je m'y perds ! Je ne vois pas le sujet de me défaire d'un homme qui m'est donné de bonne main, qui est un homme de quelque chose, qui me sert bien, et que trop bien, peut-être. Voilà ce qui n'échappe pas à ma pénétration, par exemple.

MADAME ARGANTE

Que vous êtes aveugle !

ARAMINTE, *d'un air souriant.*

Pas tant ; chacun a ses lumières. Je consens, au reste, d'écouter Dubois ; le conseil est bon et je l'approuve. Allez, Marton, allez lui dire que je veux lui parler. S'il me donne des motifs raisonnables de renvoyer cet intendant assez hardi pour regarder un tableau, il ne restera pas longtemps chez moi ; sans quoi, on aura la bonté de trouver bon que je le garde, en attendant qu'il me déplaise, à moi.

MADAME ARGANTE, *vivement.*

En bien ! il vous déplaira ; je ne vous en dis pas davantage, en attendant de plus fortes preuves.

LE COMTE

Quant à moi, Madame, j'avoue que j'ai craint qu'il ne me servît mal auprès de vous, qu'il ne vous inspirât l'envie de plaider, et j'ai souhaité, par pure tendresse, qu'il vous en détournât. Il aura pourtant beau faire, je déclare que je renonce à tout procès avec vous, que je ne veux pour arbitres de notre discussion que vous et vos gens d'affaires, et que j'aime mieux perdre tout que de rien disputer.

MADAME ARGANTE, *d'un ton décisif.*

Mais où serait la dispute ? Le mariage terminerait tout, et le vôtre est comme arrêté.

LE COMTE

Je garde le silence sur Dorante ; je reviendrai simplement voir ce que vous pensez de lui ; et si vous le congédiez, comme je le présume, il ne tiendra qu'à vous de prendre celui que je vous offrais et que je retiendrai encore quelque temps.

MADAME ARGANTE

Je ferai comme Monsieur ; je ne vous parlerai plus de rien non plus ; vous m'accuseriez de vision ; et votre entêtement finira sans notre secours. Je compte beaucoup sur Dubois que voici et avec lequel nous vous laissons.

SCÈNE 12
Dubois, Araminte.

DUBOIS

On m'a dit que vous vouliez me parler, Madame ?

ARAMINTE

Viens ici ; tu es bien imprudent, Dubois, bien indiscret. Moi qui ai si bonne opinion de toi, tu n'as guère d'attention pour ce que je te dis. Je t'avais recommandé de te taire sur le chapitre de Dorante ; tu en sais les conséquences ridicules, et tu me l'avais promis : pourquoi donc avoir prise [1], sur ce misérable tableau, avec un sot qui fait un vacarme épouvantable et qui vient ici tenir des discours tout propres à donner des idées que je serais au désespoir qu'on eût ?

1. Se quereller.

DUBOIS

Ma foi ! Madame, j'ai cru la chose sans conséquence, et je n'ai agi d'ailleurs que par un mouvement de respect et de zèle.

ARAMINTE, *d'un air vif.*

Eh ! laisse là ton zèle, ce n'est pas celui que je veux ni celui qu'il me faut ; c'est de ton silence que j'ai besoin pour me tirer de l'embarras où je suis et où tu m'as jetée toi-même, car sans toi je ne saurais pas que cet homme-là m'aime et je n'aurais que faire d'y regarder de si près.

DUBOIS

J'ai bien senti que j'avais tort.

ARAMINTE

Passe encore pour la dispute ; mais pourquoi s'écrier : « Si je disais un mot » ? Y a-t-il rien de plus mal à toi ?

DUBOIS

C'est encore une suite de ce zèle mal entendu.

ARAMINTE

Eh bien ! tais-toi donc, tais-toi. Je voudrais pouvoir te faire oublier ce que tu m'as dit.

DUBOIS

Oh ! je suis bien corrigé.

ARAMINTE

C'est ton étourderie qui me force actuellement de te parler, sous prétexte de t'interroger sur ce que tu sais de lui. Ma mère et Monsieur le Comte s'attendent que tu vas m'en apprendre des choses étonnantes ; quel rapport leur ferai-je à présent ?

DUBOIS

Ah ! il n'y a rien de plus facile à raccommoder ; ce rapport sera que des gens qui le connaissent m'ont dit que c'était un homme incapable de l'emploi qu'il a chez vous, quoiqu'il soit fort habile, au moins ; ce n'est pas cela qui lui manque.

ARAMINTE

À la bonne heure ! Mais il y aura un inconvénient. S'il en est incapable, on me dira de le renvoyer, et il n'est pas encore temps ; j'y ai pensé depuis ; la prudence ne le veut pas, et je suis obligée de prendre des biais, et d'aller tout doucement avec cette passion si excessive que tu dis qu'il a et qui éclaterait, peut-être, dans sa douleur. Me fierai-je à un désespéré ? Ce n'est plus le besoin que j'ai de lui qui me retient ; c'est moi que je ménage. (*Elle radoucit le ton.*) À moins que ce qu'a dit Marton ne soit vrai ; auquel cas je n'aurais plus rien à craindre. Elle prétend qu'il l'avait déjà vue chez Monsieur Remy, et que le procureur a dit même devant lui qu'il l'aimait depuis longtemps et qu'il fallait qu'ils se mariassent ; je le voudrais.

DUBOIS

Bagatelle ! Dorante n'a vu Marton ni de près ni de loin ; c'est le procureur qui a débité cette fable-là à Marton dans le dessein de les marier ensemble. « Et moi je n'ai pas osé l'en dédire, m'a dit Dorante, parce que j'aurais indisposé contre moi cette fille, qui a du crédit auprès de sa maîtresse, et qui a cru ensuite que c'était pour elle que je refusais les quinze mille livres de rente qu'on m'offrait. »

ARAMINTE, *négligemment.*

Il t'a donc tout conté ?

DUBOIS

Oui, il n'y a qu'un moment, dans le jardin, où il a voulu presque se jeter à mes genoux pour me conjurer de lui garder le secret sur sa passion et d'oublier l'emportement qu'il eut avec moi quand je le quittai. Je lui ai dit que je me tairais, mais que je ne prétendais pas rester dans la maison avec lui et qu'il fallait qu'il sortît ; ce qui l'a jeté dans des gémissements, dans des pleurs, dans le plus triste état du monde.

ARAMINTE

Eh ! tant pis ; ne le tourmente point. Tu vois bien que j'ai raison de dire qu'il faut aller doucement avec cet esprit-là ; tu le vois bien. J'augurais beaucoup de ce mariage avec Marton ; je croyais qu'il m'oublierait ; et point du tout, il n'est question de rien.

DUBOIS, *comme s'en allant.*

Pure fable. Madame a-t-elle encore quelque chose à me dire ?

ARAMINTE

Attends. Comment faire ? Si, lorsqu'il me parle, il me mettait en droit de me plaindre de lui ; mais il ne lui échappe rien ; je ne sais de son amour que ce que tu m'en dis ; et je ne suis pas assez fondée pour le renvoyer. Il est vrai qu'il me fâcherait, s'il parlait ; mais il serait à propos qu'il me fâchât.

DUBOIS

Vraiment oui ; Monsieur Dorante n'est point digne de Madame. S'il était dans une plus grande fortune, comme il n'y a rien à dire à ce qu'il est né, ce serait une autre affaire ; mais il n'est riche qu'en mérite, et ce n'est pas assez.

ARAMINTE, *d'un ton triste.*

Vraiment non ; voilà les usages. Je ne sais pas comment je le traiterai ; je n'en sais rien, je verrai.

DUBOIS

Eh bien ! Madame a un si beau prétexte. Ce portrait que Marton a cru être le sien, à ce qu'elle m'a dit...

ARAMINTE

Eh ! non, je ne saurais l'en accuser ; c'est le Comte qui l'a fait faire.

DUBOIS

Point du tout, c'est de Dorante ; je le sais de lui-même ; et il y travaillait encore il n'y a que deux mois, lorsque je le quittai.

ARAMINTE

Va-t'en ; il y a longtemps que je te parle. Si on me demande ce que tu m'as appris de lui, je dirai ce dont nous sommes convenus. Le voici ; j'ai envie de lui tendre un piège.

DUBOIS

Oui, Madame. Il se déclarera peut-être, et tout de suite je lui dirais : « Sortez. »

ARAMINTE

Laisse-nous.

SCÈNE 13

Dorante, Araminte, Dubois.

DUBOIS, *sortant, et en passant auprès de Dorante, et rapidement.*

Il m'est impossible de l'instruire ; mais qu'il se découvre ou non, les choses ne peuvent aller que bien.

DORANTE

Je viens, Madame, vous demander votre protection. Je suis dans le chagrin et dans l'inquiétude. J'ai tout quitté pour avoir l'honneur d'être à vous, je vous suis plus attaché que je ne puis vous le dire ; on ne saurait vous servir avec plus de fidélité ni de désintéressement ; et cependant je ne suis pas sûr de rester. Tout le monde ici m'en veut, me persécute et conspire pour me faire sortir. J'en suis consterné ; je tremble que vous ne cédiez à leur inimitié pour moi, et j'en serais dans la dernière affliction.

ARAMINTE, *d'un ton doux.*

Tranquillisez-vous ; vous ne dépendez point de ceux qui vous en veulent ; ils ne vous ont fait aucun tort dans mon esprit, et tous leurs petits complots n'aboutiront à rien ; je suis la maîtresse.

DORANTE, *d'un air inquiet.*

Je n'ai que votre appui, Madame.

ARAMINTE

Il ne vous manquera pas. Mais je vous conseille une chose : ne leur paraissez pas si alarmé ; vous leur feriez douter de votre capacité, et il leur semblerait que vous m'auriez beaucoup d'obligation de ce que je vous garde.

DORANTE

Ils ne se tromperaient pas, Madame ; c'est une bonté qui me pénètre de reconnaissance.

ARAMINTE

À la bonne heure ; mais il n'est pas nécessaire qu'ils le croient. Je vous sais bon gré de votre attachement et de votre fidélité ; mais dissimulez-en une partie ; c'est peut-être ce qui les indispose contre vous. Vous leur avez refusé de m'en faire accroire sur le chapitre du procès ; conformez-vous à ce qu'ils exigent ; regagnez-les par là, je vous le permets. L'événement leur persuadera que vous les avez bien servis : car, toute réflexion faite, je suis déterminée à épouser le Comte.

DORANTE, *d'un ton ému.*

Déterminée, Madame ?

ARAMINTE

Oui, tout à fait résolue. Le Comte croira que vous y avez contribué ; je lui dirai même, et je vous garantis que vous resterez ici ; je vous le promets. (*À part.*) Il change de couleur.

DORANTE

Quelle différence pour moi, Madame !

ARAMINTE, *d'un air délibéré.*

Il n'y en aura aucune ; ne vous embarrassez pas, et écrivez le billet que je vais vous dicter ; il y a tout ce qu'il faut sur cette table.

DORANTE

Eh ! Pour qui, Madame ?

ARAMINTE

Pour le Comte, qui est sorti d'ici extrêmement inquiet, et que je vais surprendre bien agréablement par le petit mot que vous allez lui écrire en mon nom. (*Dorante reste rêveur, et, par distraction, ne va point à la table.*) Eh ! vous n'allez pas à la table ? À quoi rêvez-vous ?

DORANTE, *toujours distrait.*

Oui, Madame.

ARAMINTE, *à part, pendant qu'il se place.*

Il ne sait ce qu'il fait ; voyons si cela continuera.

DORANTE, *cherche du papier.*

Ah ! Dubois m'a trompé.

ARAMINTE *poursuit.*

Êtes-vous prêt à écrire ?

DORANTE

Madame, je ne trouve point de papier.

ARAMINTE, *allant elle-même.*

Vous n'en trouvez point ! En voilà devant vous.

DORANTE

Il est vrai.

ARAMINTE

Écrivez. *Hâtez-vous de venir, Monsieur ; votre mariage est sûr*... Avez-vous écrit ?

DORANTE

Comment, Madame ?

ARAMINTE

Vous ne m'écoutez donc pas ? *Votre mariage est sûr ; Madame veut que je vous l'écrive, et vous attend pour vous le dire. (À part.)* Il souffre, mais il ne dit mot. Est-ce qu'il ne parlera pas ? *N'attribuez point cette résolution à la crainte que Madame pourrait avoir des suites d'un procès douteux.*

DORANTE

Je vous ai assuré que vous le gagneriez, Madame. Douteux ! il ne l'est point.

ARAMINTE

N'importe, achevez. *Non, Monsieur. Je suis chargé de sa part de vous assurer que la seule justice qu'elle rend à votre mérite la détermine.*

DORANTE, *à part.*

Ciel ! je suis perdu. (*Haut.*) Mais, Madame, vous n'aviez aucune inclination pour lui.

ARAMINTE

Achevez, vous dis-je... *Qu'elle rend à votre mérite la détermine.* Je crois que la main vous tremble ; vous paraissez changé. Qu'est-ce que cela signifie ? Vous trouvez-vous mal ?

DORANTE

Je ne me trouve pas bien, Madame.

ARAMINTE

Quoi ! si subitement ? Cela est singulier. Pliez la lettre et mettez : *À Monsieur le Comte Dorimont*. Vous direz à Dubois qu'il la lui porte. (*À part.*) Le cœur me bat. (*À Dorante.*) Voilà qui est écrit tout de travers ! Cette adresse-là n'est presque pas lisible. (*À part.*) Il n'y a pas encore là de quoi le convaincre.

DORANTE, *à part.*

Ne serait-ce point aussi pour m'éprouver ? Dubois ne m'a averti de rien.

SCÈNE 14

Araminte, Dorante, Marton.

MARTON

Je suis bien aise, Madame, de trouver Monsieur ici ; il vous confirmera tout de suite ce que j'ai à vous dire. Vous avez offert, en différentes occasions, de me marier, Madame, et jusqu'ici je ne me suis point trouvée disposée à profiter de vos bontés. Aujourd'hui Monsieur me recherche ; il vient même de refuser un parti infiniment plus riche, et le tout pour moi ; du moins me l'a-t-il laissé croire, et il est à propos qu'il s'explique ; mais comme je ne veux dépendre que de vous, c'est de vous aussi, Madame, qu'il faut qu'il m'obtienne. Ainsi, Monsieur, vous n'avez qu'à parler à Madame : si elle m'accorde à vous, vous n'aurez point de peine à m'obtenir de moi-même.

SCÈNE 15

Dorante, Araminte.

ARAMINTE, *à part, émue.*

Cette folle ! (*Haut.*) Je suis charmée de ce qu'elle vient de m'apprendre. Vous avez fait là un très bon choix ; c'est une fille aimable et d'un excellent caractère.

DORANTE, *d'un air abattu.*

Hélas ! Madame, je ne songe point à elle.

ARAMINTE

Vous ne songez point à elle ! Elle dit que vous l'aimez, que vous l'aviez vue avant de venir ici.

DORANTE, *tristement.*

C'est une erreur où Monsieur Remy l'a jetée sans me consulter ; et je n'ai point osé dire le contraire, dans la crainte de m'en faire une ennemie auprès de vous. Il en est de même de ce riche parti qu'elle croit que je refuse à cause d'elle ; et je n'ai nulle part à tout cela. Je suis hors d'état de donner mon cœur à personne ; je l'ai perdu pour jamais, et la plus brillante de toutes les fortunes ne me tenterait pas.

ARAMINTE

Vous avez tort : il fallait désabuser Marton.

DORANTE

Elle vous aurait, peut-être, empêchée de me recevoir ; et mon indifférence lui en dit assez.

ARAMINTE

Mais dans la situation où vous êtes, quel intérêt aviez-vous d'entrer dans ma maison et de la préférer à une autre ?

DORANTE

Je trouve plus de douceur à être chez vous, Madame.

ARAMINTE

Il y a quelque chose d'incompréhensible dans tout ceci ! Voyez-vous souvent la personne que vous aimez ?

DORANTE, *toujours abattu.*

Pas souvent à mon gré, Madame ; et je la verrais à tout instant, que je ne croirais pas la voir assez.

ARAMINTE, *à part.*

Il a des expressions d'une tendresse ! (*Haut.*) Est-elle fille ? A-t-elle été mariée ?

DORANTE

Madame, elle est veuve.

ARAMINTE

Et ne devez-vous pas l'épouser ? Elle vous aime, sans doute ?

DORANTE

Hélas ! Madame, elle ne sait pas seulement que je l'adore. Excusez l'emportement du terme dont je me sers ; je ne saurais presque parler d'elle qu'avec transport.

ARAMINTE

Je ne vous interroge que par étonnement. Elle ignore que vous l'aimez, dites-vous, et vous lui sacrifiez votre fortune ? Voilà de l'incroyable. Comment, avec tant d'amour, avez-vous pu vous taire ? On essaye de se faire aimer, ce me semble ; cela est naturel et pardonnable.

DORANTE

Me préserve le ciel d'oser concevoir la plus légère espérance ! Être aimé, moi ! Non, Madame ; son état est bien au-dessus du mien ; mon respect me condamne au silence, et je mourrai du moins sans avoir eu le malheur de lui déplaire.

ARAMINTE

Je n'imagine point de femme qui mérite d'inspirer une passion si étonnante ; je n'en imagine point. Elle est donc au-dessus de toute comparaison ?

DORANTE

Dispensez-moi de la louer, Madame, je m'égarerais en la peignant. On ne connaît rien de si beau ni de si aimable qu'elle, et jamais elle ne me parle ou ne me regarde que mon amour n'en augmente.

ARAMINTE *baisse les yeux et continue.*

Mais votre conduite blesse la raison. Que prétendez-vous, avec cet amour pour une personne qui ne saura jamais que vous l'aimez ? Cela est bien bizarre. Que prétendez-vous ?

DORANTE

Le plaisir de la voir quelquefois, et d'être avec elle, est tout ce que je me propose.

ARAMINTE

Avec elle ! Oubliez-vous que vous êtes ici ?

DORANTE

Je veux dire avec son portrait, quand je ne la vois point.

ARAMINTE

Son portrait ? Est-ce que vous l'avez fait faire ?

DORANTE :

Non, Madame, mais j'ai, par amusement, appris à peindre ; et je l'ai peinte moi-même ; je me serais privé de son portrait si je n'avais pu l'avoir que par le secours d'un autre.

ARAMINTE, *à part.*

Il faut le pousser à bout. (*Haut.*) Montrez-moi ce portrait.

DORANTE

Daignez m'en dispenser, Madame ; quoique mon amour soit sans espérance, je n'en dois pas moins un secret inviolable à l'objet aimé.

ARAMINTE

Il m'en est tombé un par hasard entre les mains ; on l'a trouvé ici. (*Montrant la boîte.*) Voyez si ce ne serait point celui dont il s'agit.

DORANTE

Cela ne se peut pas.

ARAMINTE, *ouvrant la boîte.*

Il est vrai que la chose serait assez extraordinaire ; examinez.

DORANTE

Ah ! Madame, songez que j'aurais perdu mille fois la vie avant d'avouer ce que le hasard vous découvre. Comment pourrai-je expier ?...

Il se jette à ses genoux.

ARAMINTE

Dorante, je ne me fâcherai point. Votre égarement me fait pitié ; revenez-en, je vous le pardonne.

MARTON *paraît et s'enfuit.*

Ah !

Dorante se lève vite.

ARAMINTE

Ah, ciel ! c'est Marton ! Elle vous a vu.

DORANTE, *feignant d'être déconcerté.*

Non, Madame, non ; je ne crois pas ; elle n'est point entrée.

ARAMINTE

Elle vous a vu, vous dis-je. Laissez-moi ; allez-vous-en ; vous m'êtes insupportable. Rendez-moi ma lettre. (*Quand il est parti.*) Voilà pourtant ce que c'est que de l'avoir gardé !

SCÈNE 16
Araminte, Dubois.

DUBOIS

Dorante s'est-il déclaré, Madame ? Et est-il nécessaire que je lui parle ?

ARAMINTE

Non, il ne m'a rien dit. Je n'ai rien vu d'approchant à ce que tu m'as conté ; et qu'il n'en soit plus question ; ne t'en mêle plus.

Elle sort.

DUBOIS

Voici l'affaire dans sa crise.

SCÈNE 17
Dubois, Dorante.

DORANTE

Ah ! Dubois.

DUBOIS

Retirez-vous.

DORANTE

Je ne sais qu'augurer de la conversation que je viens d'avoir avec elle.

DUBOIS

À quoi songez-vous ? Elle n'est qu'à deux pas : voulez-vous tout perdre ?

DORANTE

Il faut que tu m'éclaircisses...

DUBOIS

Allez dans le jardin.

DORANTE

D'un doute...

DUBOIS

Dans le jardin, vous dis-je ; je vais m'y rendre.

DORANTE

Mais...

DUBOIS

Je ne vous écoute plus.

DORANTE

Je crains plus que jamais.

ACTE III

SCÈNE 1
Dorante, Dubois.

DUBOIS

Non, vous dis-je ; ne perdons point de temps. La lettre est-elle prête ?

DORANTE, *la lui montrant.*

Oui, la voilà ; et j'ai mis dessus : rue du Figuier.

DUBOIS

Vous êtes bien assuré qu'Arlequin ne sait pas ce quartier-là ?

DORANTE

Il m'a dit que non.

DUBOIS

Lui avez-vous bien recommandé de s'adresser à Marton ou à moi pour savoir ce que c'est ?

DORANTE

Sans doute, et je le lui recommanderai encore.

DUBOIS

Allez donc la lui donner ; je me charge du reste auprès de Marton que je vais trouver.

DORANTE

Je t'avoue que j'hésite un peu ; n'allons-nous pas trop vite avec Araminte ? Dans l'agitation des mouvements où elle est, veux-tu encore lui donner l'embarras de voir subitement éclater l'aventure ?

DUBOIS

Oh ! oui, point de quartier : il faut l'achever pendant qu'elle est étourdie. Elle ne sait plus ce qu'elle fait. Ne voyez-vous pas bien qu'elle triche avec moi, qu'elle me fait accroire que vous ne lui avez rien dit ? Ah ! je lui apprendrai à vouloir me souffler mon emploi de confident pour vous aimer en fraude.

DORANTE

Que j'ai souffert dans ce dernier entretien ! Puisque tu savais qu'elle voulait me faire déclarer, que ne m'en avertissais-tu par quelques signes ?

DUBOIS

Cela aurait été joli, ma foi ! elle ne s'en serait point aperçue, n'est-ce pas ? et d'ailleurs, votre douleur n'en a paru que plus vraie. Vous repentez-vous de l'effet qu'elle a produit ? Monsieur a souffert ! Parbleu ! il me semble que cette aventure-ci mérite un peu d'inquiétude.

DORANTE

Sais-tu bien ce qui arrivera ? Qu'elle prendra son parti, et qu'elle me renverra tout d'un coup.

DUBOIS

Je lui en défie, il est trop tard ; l'heure du courage est passée, il faut qu'elle nous épouse.

DORANTE

Prends-y garde ; tu vois que sa mère la fatigue.

DUBOIS

Je serais bien fâché qu'elle la laissât en repos.

DORANTE :

Elle est confuse de ce que Marton m'a surpris à ses genoux.

DUBOIS

Ah ! vraiment, des confusions ! Elle n'y est pas ; elle va en essuyer bien d'autres ! C'est moi qui, voyant le train que prenait la conversation, ait fait venir Marton une seconde fois.

DORANTE

Araminte pourtant m'a dit que je lui étais insupportable.

DUBOIS

Elle a raison. Voulez-vous qu'elle soit de bonne humeur avec un homme qu'il faut qu'elle aime en dépit d'elle ? Cela est-il agréable ? Vous vous emparez de son bien, de son cœur ; et cette femme ne criera pas ! Allez vite, plus de raisonnements, laissez-vous conduire.

DORANTE

Songe que je l'aime, et que, si notre précipitation réussit mal, tu me désespères.

DUBOIS

Ah ! oui, je sais bien que vous l'aimez ; c'est à cause de cela que je ne vous écoute pas. Êtes-vous en état de juger de rien ? Allons, allons, vous vous moquez ; laissez faire un homme de sang-froid. Partez, d'autant plus que voici Marton qui vient à propos, et que je vais tâcher d'amuser, en attendant que vous envoyiez Arlequin.

SCÈNE 2
Dubois, Marton.

MARTON, *d'un air triste.*

Je te cherchais.

DUBOIS

Qu'y a-t-il pour votre service, Mademoiselle ?

MARTON

Tu me l'avais bien dit, Dubois.

DUBOIS

Quoi donc ? Je ne me souviens plus de ce que c'est.

MARTON

Que cet intendant osait lever les yeux sur Madame.

DUBOIS

Ah ! oui ; vous parlez de ce regard que je lui vis jeter sur elle. Oh ! jamais je ne l'ai oublié : cette œillade-là ne valait rien ; il y avait quelque chose dedans qui n'était pas dans l'ordre.

MARTON

Oh çà, Dubois, il s'agit de faire sortir cet homme-ci.

DUBOIS

Pardi ! tant qu'on voudra ; je ne m'y épargne pas. J'ai déjà dit à Madame qu'on m'avait assuré qu'il n'entendait pas les affaires.

MARTON

Mais est-ce là tout ce que tu sais de lui ? C'est de la part de Madame Argante et de Monsieur le Comte que je te parle, et nous avons peur que tu n'aies pas tout dit à Madame, ou qu'elle ne cache ce que c'est. Ne nous déguise rien, tu n'en seras pas fâché.

DUBOIS

Ma foi ! je ne sais que son insuffisance, dont j'ai instruit Madame.

MARTON

Ne dissimule point.

DUBOIS

Moi, un dissimulé ! moi, garder un secret ! Vous avez bien trouvé votre homme ! En fait de discrétion, je mériterais d'être femme. Je vous demande pardon de la comparaison ; mais c'est pour vous mettre l'esprit en repos.

MARTON

Il est certain qu'il aime Madame.

DUBOIS

Il n'en faut point douter ; je lui en ai même dit ma pensée à elle.

MARTON

Et qu'a-t-elle répondu ?

DUBOIS

Que j'étais un sot ; elle est si prévenue !...

MARTON

Prévenue à un point que je n'oserais le dire, Dubois.

DUBOIS

Oh ! le diable n'y perd rien, ni moi non plus ; car je vous entends.

MARTON

Tu as la mine d'en savoir plus que moi là-dessus.

DUBOIS

Oh ! point du tout, je vous jure. Mais à propos, il vient tout à l'heure d'appeler Arlequin pour lui donner une lettre. Si nous pouvions la saisir, peut-être en saurions-nous davantage.

MARTON

Une lettre ! oui-da ; ne négligeons rien. Je vais, de ce pas, parler à Arlequin, s'il n'est pas encore parti.

DUBOIS

Vous n'irez pas loin ; je crois qu'il vient.

SCÈNE 3

Marton, Dubois, Arlequin.

ARLEQUIN, *voyant Dubois.*

Ah ! te voilà donc, mal bâti ?

DUBOIS

Tenez, n'est-ce pas là une belle figure pour se moquer de la mienne ?

MARTON

Que veux-tu, Arlequin ?

ARLEQUIN

Ne sauriez-vous pas où demeure la rue du Figuier, Mademoiselle ?

MARTON

Oui.

ARLEQUIN

C'est que mon camarade, que je sers, m'a dit de porter cette lettre à quelqu'un qui est dans cette rue, et comme je ne la sais pas, il m'a dit que je m'en informasse à vous ou à cet animal-là ; mais cet animal-là ne mérite pas que je lui en parle, sinon pour l'injurier. J'aimerais mieux que le diable eût emporté toutes les rues, que d'en savoir une par le moyen d'un malotru comme lui.

DUBOIS, *à Marton, à part.*

Prenez la lettre. (*Haut.*) Non, non, Mademoiselle, ne lui enseignez rien ; qu'il galope.

ARLEQUIN

Veux-tu te taire ?

MARTON, *négligemment.*

Ne l'interrompez donc point, Dubois. Eh bien, veux-tu me donner ta lettre ? Je vais envoyer dans ce quartier-là, et on la rendra à son adresse.

ARLEQUIN

Ah ! voilà qui est bien agréable. Vous êtes une fille de bonne amitié, Mademoiselle.

DUBOIS, *s'en allant.*

Vous êtes bien bonne d'épargner de la peine à ce fainéant-là.

ARLEQUIN

Ce malhonnête ! Va, va trouver le tableau, pour voir comme il se moque de toi.

MARTON, *seule avec Arlequin.*

Ne lui réponds rien ; donne ta lettre.

ARLEQUIN

Tenez, Mademoiselle ; vous me rendez un service qui me fait grand bien. Quand il y aura à trotter pour votre serviable personne, n'ayez point d'autre postillon que moi.

MARTON

Elle sera rendue exactement.

ARLEQUIN

Oui, je vous recommande l'exactitude à cause de Monsieur Dorante, qui mérite toutes sortes de fidélités.

MARTON, *à part.*

L'indigne !

ARLEQUIN, *s'en allant.*

Je suis votre serviteur éternel.

MARTON

Adieu.

ARLEQUIN, *revenant.*

Si vous le rencontrez, ne lui dites point qu'un autre galope à ma place.

Il sort.

SCÈNE 4

Madame Argante, le Comte, Marton.

MARTON, *un moment seule.*

Ne disons mot que je n'aie vu ce que ceci contient.

MADAME ARGANTE

Eh bien, Marton, qu'avez-vous appris de Dubois ?

MARTON

Rien, que ce que vous saviez déjà, Madame ; et ce n'est pas assez.

MADAME ARGANTE

Dubois est un coquin qui nous trompe.

LE COMTE

Il est vrai que sa menace signifiait quelque chose de plus.

MADAME ARGANTE

Quoi qu'il en soit, j'attends Monsieur Remy que j'ai envoyé chercher ; et s'il ne nous défait pas de cet homme-là, ma fille saura qu'il ose l'aimer ; je l'ai résolu ; nous en avons les présomptions les plus fortes ; et ne fût-ce que par bienséance, il faudra bien qu'elle le chasse. D'un autre côté, j'ai fait venir l'intendant que Monsieur le Comte lui proposait ; il est ici, et je le lui présenterai sur-le-champ.

MARTON

Je doute que vous réussissiez si nous n'apprenons rien de nouveau ; mais je tiens peut-être son congé, moi qui vous parle... Voici Monsieur Remy : je n'ai pas le temps de vous en dire davantage, et je vais m'éclaircir.

Elle veut sortir.

SCÈNE 5

Monsieur Remy, Madame Argante, le Comte, Marton.

MONSIEUR REMY, *à Marton, qui se retire.*

Bonjour, ma nièce, puisque enfin il faut que vous la soyez. Savez-vous ce qu'on me veut ici ?

MARTON, *brusquement.*

Passez, Monsieur, et cherchez votre nièce ; je n'aime point les mauvais plaisants.

Elle sort.

MONSIEUR REMY

Voilà une petite fille bien incivile. (*À Madame Argante.*) On m'a dit de votre part de venir ici, Madame ; de quoi est-il donc question ?

MADAME ARGANTE, *d'un ton revêche.*

Ah ! c'est donc vous, Monsieur le procureur ?

MONSiEUR REMY

Oui, Madame, je vous garantis que c'est moi-même.

MADAME ARGANTE

Et de quoi vous êtes-vous avisé, je vous prie, de nous embarrasser d'un intendant de votre façon ?

MONSIEUR REMY

Et par quel hasard Madame y trouve-t-elle à redire ?

MADAME ARGANTE

C'est que nous nous serions bien passés du présent que vous nous avez fait.

MONSIEUR REMY

Ma foi ! Madame, s'il n'est pas à votre goût, vous êtes bien difficile.

MADAME ARGANTE

C'est votre neveu, dit-on ?

MONSIEUR REMY

Oui, Madame.

MADAME ARGANTE

Eh bien ! tout votre neveu qu'il est, vous nous ferez un grand plaisir de le retirer.

MONSIEUR REMY

Ce n'est pas à vous que je l'ai donné.

MADAME ARGANTE

Non ; mais c'est à nous qu'il déplaît, et à Monsieur le Comte que voilà, et qui doit épouser ma fille.

MONSIEUR REMY, *élevant la voix.*

Celui-ci est nouveau ! Mais, Madame, dès qu'il n'est pas à vous, il me semble qu'il n'est pas essentiel qu'il vous plaise. On n'a pas mis dans le marché qu'il vous plairait, personne n'a songé à cela ; et, pourvu qu'il convienne à Madame Araminte, tout doit être content ; tant pis pour qui ne l'est pas. Qu'est-ce que cela signifie ?

MADAME ARGANTE

Mais vous avez le ton bien rogue, Monsieur Remy.

MONSIEUR REMY

Ma foi, vos compliments ne sont pas propres à l'adoucir, Madame Argante.

LE COMTE

Doucement, Monsieur le procureur, doucement ; il me paraît que vous avez tort.

MONSIEUR REMY

Comme vous voudrez, Monsieur le Comte, comme vous voudrez ; mais cela ne vous regarde pas : vous savez bien que je n'ai pas l'honneur de vous connaître ; et nous n'avons que faire ensemble, pas la moindre chose.

LE COMTE

Que vous me connaissiez ou non, il n'est pas si peu essentiel que vous le dites que votre neveu plaise à Madame ; elle n'est pas une étrangère dans la maison.

MONSIEUR REMY

Parfaitement étrangère pour cette affaire-ci, Monsieur ; on ne peut pas plus étrangère. Au surplus, Dorante est un homme d'honneur, connu pour tel, dont j'ai répondu, dont je répondrai toujours, et dont Madame parle ici d'une manière choquante.

MADAME ARGANTE

Votre Dorante est un impertinent.

MONSIEUR REMY

Bagatelle ! Ce mot-là ne signifie rien dans votre bouche.

MADAME ARGANTE

Dans ma bouche ! À qui parle donc ce petit praticien ; Monsieur le Comte ? Est-ce que vous ne lui imposerez pas silence ?

MONSIEUR REMY

Comment donc ? m'imposer silence ! à moi, procureur ! Savez-vous bien qu'il y a cinquante ans que je parle, Madame Argante.

MADAME ARGANTE

Il y a donc cinquante ans que vous ne savez ce que vous dites.

SCÈNE 6

Araminte, Madame Argante, Monsieur Remy, le Comte.

ARAMINTE

Qu'y a-t-il donc ? On dirait que vous vous querellez.

MONSIEUR REMY

Nous ne sommes pas fort en paix, et vous venez très à propos, Madame : il s'agit de Dorante ; avez-vous sujet de vous plaindre de lui ?

ARAMINTE

Non, que je sache.

MONSIEUR REMY

Vous êtes-vous aperçue qu'il ait manqué de probité ?

ARAMINTE

Lui ? Non vraiment ; je ne le connais que pour un homme très estimable.

MONSIEUR REMY

Au discours que Madame en tient, ce doit pourtant être un fripon dont il faut que je vous délivre ; et on se passerait bien du présent que je vous ai fait ; et c'est un impertinent qui déplaît à Madame, qui déplaît à Monsieur qui parle en qualité d'époux futur ; et à cause que je le défends, on veut me persuader que je radote.

ARAMINTE, *froidement.*

On se jette là dans de grands excès ; je n'y ai point de part, Monsieur ; je suis bien éloignée de vous traiter si mal. À l'égard de Dorante, la meilleure justification qu'il y ait pour lui, c'est que je le garde. Mais je venais pour savoir une chose, Monsieur le Comte ; il y a là-bas, m'a-t-on dit, un homme d'affaires que vous avez amené pour moi ; on se trompe apparemment ?

LE COMTE

Madame, il est vrai qu'il est venu avec moi ; mais c'est Madame Argante...

MADAME ARGANTE

Attendez, je vais répondre. Oui, ma fille, c'est moi qui ai prié Monsieur de le faire venir pour remplacer celui que vous avez et que vous allez mettre dehors ; je suis sûre de mon fait. J'ai laissé dire votre procureur, au reste ; mais il amplifie.

MONSIEUR REMY

Courage !

MADAME ARGANTE, *vivement.*

Paix ; vous avez assez parlé. (*À Araminte.*) Je n'ai point dit que son neveu fût un fripon. Il ne serait pas impossible qu'il le fût, je n'en serais pas étonnée.

MONSIEUR REMY

Mauvaise parenthèse, avec votre permission ; supposition injurieuse et tout à fait hors d'œuvre.

MADAME ARGANTE

Honnête homme, soit ; du moins n'a-t-on pas encore de preuve du contraire, et je veux croire qu'il l'est. Pour un impertinent et très impertinent, j'ai dit qu'il en était un, et j'ai raison ; vous dites que vous le garderez, vous n'en ferez rien.

ARAMINTE, *froidement.*

Il restera, je vous assure.

MADAME ARGANTE

Point du tout, vous ne sauriez ; seriez-vous d'humeur à garder un intendant qui vous aime ?

MONSIEUR REMY

Eh ! À qui voulez-vous donc qu'il s'attache ? À vous, à qui il n'a pas affaire ?

ARAMINTE

Mais, en effet, pourquoi faut-il que mon intendant me haïsse ?

MADAME ARGANTE

Eh ! non, point d'équivoque : quand je vous dis qu'il vous aime, j'entends qu'il est amoureux de vous, en bon français, qu'il est ce qu'on appelle amoureux, qu'il soupire pour vous, que vous êtes l'objet secret de sa tendresse.

MONSIEUR REMY

Dorante ?

ARAMINTE, *riant.*

L'objet secret de sa tendresse ! Oh ! oui, très secret, je pense. Ah ! ah ! je ne me croyais pas si dangereuse à voir. Mais dès que vous devinez de pareils secrets, que ne devinez-vous que tous mes gens sont comme lui ? Peut-être qu'ils m'aiment aussi, que sait-on ? Monsieur Remy, vous qui me voyez assez souvent, j'ai envie de deviner que vous m'aimez aussi.

MONSIEUR REMY

Ma foi, Madame, à l'âge de mon neveu, je ne m'en tirerais pas mieux qu'on dit qu'il s'en tire.

MADAME ARGANTE

Ceci n'est pas matière à plaisanterie, ma fille ; il n'est pas question de votre Monsieur Remy ; laissons là le bonhomme, et traitons la chose un peu sérieusement. Vos gens ne vous font pas peindre, vos gens ne se mettent point à contempler vos portraits, vos gens n'ont point l'air galant, la mine doucereuse.

MONSIEUR REMY, *à Araminte.*

J'ai laissé passer le « bonhomme » à cause de vous, au moins ; mais le bonhomme est quelquefois brutal.

ARAMINTE

En vérité, ma mère, vous seriez la première à vous moquer de moi, si ce que vous me dites me faisait la moindre impression ; ce serait une enfance[1] à moi que de le renvoyer sur un pareil soupçon. Est-ce qu'on ne peut me voir sans m'aimer ? Je n'y saurais que faire ; il faut bien m'y accoutumer et prendre mon parti là-dessus. Vous lui trouvez l'air galant, dites-vous ? Je n'y avais pas pris garde, et je ne lui en ferai point un reproche ; il y aurait de la bizarrerie à se fâcher de ce qu'il est bien fait. Je suis d'ailleurs comme tout le monde, j'aime assez les gens de bonne mine.

SCÈNE 7

Araminte, Madame Argante, Monsieur Remy, le Comte, Dorante.

DORANTE

Je vous demande pardon, Madame, si je vous interromps. J'ai lieu de présumer que mes services ne vous sont plus agréables, et, dans la conjoncture présente, il est naturel que je sache mon sort.

MADAME ARGANTE, *ironiquement.*

Son sort ! Le sort d'un intendant ; que cela est beau !

1. Un enfantillage.

MONSIEUR REMY

Et pourquoi n'aurait-il pas un sort ?

ARAMINTE, *d'un air vif à sa mère.*

Voilà des emportements qui m'appartiennent. (*À Dorante.*) Quelle est cette conjoncture, Monsieur, et le motif de votre inquiétude ?

DORANTE

Vous le savez, Madame ; il y a quelqu'un ici que vous avez envoyé chercher pour occuper ma place.

ARAMINTE

Ce quelqu'un-là est fort mal conseillé. Désabusez-vous ; ce n'est point moi qui l'ai fait venir.

DORANTE

Tout a contribué à me tromper ; d'autant plus que Mademoiselle Marton vient de m'assurer que dans une heure je ne serais plus ici.

ARAMINTE

Marton vous a tenu un fort sot discours.

MADAME ARGANTE

Le terme est encore trop long ; il devrait en sortir tout à l'heure.

MONSIEUR REMY, *comme à part.*

Voyons par où cela finira.

ARAMINTE

Allez, Dorante, tenez-vous en repos ; fussiez-vous

l'homme du monde qui me convînt le moins, vous resterez. Dans cette occasion-ci, c'est à moi-même que je dois cela : je me sens offensée du procédé qu'on a avec moi, et je vais faire dire à cet homme d'affaires qu'il se retire : que ceux qui l'ont amené sans me consulter le remmènent, et qu'il n'en soit plus parlé.

SCÈNE 8

Araminte, Madame Argante, Monsieur Remy, le Comte, Dorante, Marton.

MARTON, *froidement.*

Ne vous pressez pas de le renvoyer, Madame : voilà une lettre de recommandation pour lui, et c'est Dorante qui l'a écrite.

ARAMINTE

Comment ?

MARTON, *donnant la lettre au Comte.*

Un instant, Madame ; cela mérite d'être écouté : la lettre est de Monsieur, vous dis-je.

LE COMTE *lit haut.*

« Je vous conjure, mon cher ami, d'être demain sur les neuf heures du matin chez vous ; j'ai bien des choses à vous dire ; je crois que je vais sortir de chez la dame que vous savez. Elle ne peut plus ignorer la malheureuse passion que j'ai prise pour elle, et dont je ne guérirai jamais. »

MADAME ARGANTE

De la passion ! entendez-vous, ma fille ?

LE COMTE *lit.*

« Un misérable ouvrier, que je n'attendais pas, est venu ici pour m'apporter la boîte de ce portrait que j'ai fait d'elle. »

MADAME ARGANTE

C'est-à-dire que le personnage sait peindre.

LE COMTE *lit.*

« J'étais absent, il l'a laissée à une fille de la maison. »

MADAME ARGANTE, *à Marton.*

Fille de la maison ; cela vous regarde.

LE COMTE *lit.*

« On a soupçonné que ce portrait m'appartenait ; ainsi, je pense qu'on va tout découvrir, et qu'avec le chagrin d'être renvoyé et de perdre le plaisir de voir tous les jours celle que j'adore... »

MADAME ARGANTE

Que j'adore ! ah ! que j'adore !

LE COMTE *lit.*

« J'aurai encore celui d'être méprisé d'elle. »

MADAME ARGANTE

Je crois qu'il n'a pas mal deviné celui-là, ma fille.

LE COMTE *lit.*

« Non pas à cause de la médiocrité de ma fortune, sorte de mépris dont je n'oserais la croire capable... »

MADAME ARGANTE

Eh ! Pourquoi non ?

LE COMTE *lit.*

« Mais seulement du peu que je vaux auprès d'elle, tout honoré que je suis de l'estime de tant d'honnêtes gens. »

MADAME ARGANTE

Et en vertu de quoi l'estiment-ils tant ?

LE COMTE *lit.*

« Auquel cas, je n'ai plus que faire à Paris. Vous êtes à la veille de vous embarquer, et je suis déterminé à vous suivre. »

MADAME ARGANTE

Bon voyage au galant.

MONSIEUR REMY

Le beau motif d'embarquement !

MADAME ARGANTE

Eh bien ! en avez-vous le cœur net, ma fille ?

LE COMTE

L'éclaircissement m'en paraît complet.

ARAMINTE, *à Dorante.*

Quoi ! cette lettre n'est pas d'une écriture contrefaite ? vous ne la niez point ?

DORANTE

Madame...

ARAMINTE

Retirez-vous.

Dorante sort.

MONSIEUR REMY

Eh bien ! quoi ? C'est de l'amour qu'il a ; ce n'est pas d'aujourd'hui que les belles personnes en donnent ; et tel que vous le voyez, il n'en a pas pris pour toutes celles qui auraient bien voulu lui en donner. Cet amour-là lui coûte quinze mille livres de rente, sans compter les mers qu'il veut courir ; voilà le mal. Car, au reste, s'il était riche, le personnage en vaudrait bien un autre ; il pourrait bien dire qu'il adore. (*Contrefaisant Madame Argante.*) Et cela ne serait point si ridicule. Accommodez-vous, au reste ; je suis votre serviteur, Madame.

Il sort.

MARTON

Fera-t-on monter l'intendant que Monsieur le Comte a amené, Madame ?

ARAMINTE

N'entendrai-je parler que d'intendant ? Allez-vous-en ; vous prenez mal votre temps pour me faire des questions.

Marton sort.

MADAME ARGANTE

Mais, ma fille, elle a raison ; c'est Monsieur le Comte qui vous en répond, il n'y a qu'à le prendre.

ARAMINTE

Et moi, je n'en veux point.

LE COMTE

Est-ce à cause qu'il vient de ma part, Madame ?

ARAMINTE

Vous êtes le maître d'interpréter, Monsieur ; mais je n'en veux point.

LE COMTE

Vous vous expliquez là-dessus d'un air de vivacité qui m'étonne.

MADAME ARGANTE

Mais, en effet, je ne vous reconnais pas. Qu'est-ce qui vous fâche ?

ARAMINTE

Tout. On s'y est mal pris : il y a dans tout ceci des façons si désagréables, des moyens si offensants, que tout m'en choque.

MADAME ARGANTE, *étonnée.*

On ne vous entend point.

LE COMTE

Quoique je n'aie aucune part à ce qui vient de se passer, je ne m'aperçois que trop, Madame, que je ne suis pas exempt de votre mauvaise humeur, et je serais fâché d'y contribuer davantage par ma présence.

MADAME ARGANTE

Non, Monsieur ; je vous suis. Ma fille, je retiens Monsieur le Comte ; vous allez venir nous trouver apparemment ? Vous n'y songez pas, Araminte ; on ne sait que penser.

Madame Argante sort avec le Comte.

SCÈNE 9

Araminte, Dubois.

DUBOIS

Enfin, Madame, à ce que je vois, vous en voilà délivrée. Qu'il devienne tout ce qu'il voudra, à présent. Tout le monde a été témoin de sa folie, et vous n'avez plus rien à craindre de sa douleur ; il ne dit mot. Au reste, je viens seulement de le rencontrer, plus mort que vif, qui traversait la galerie pour aller chez lui. Vous auriez trop ri de le voir soupirer. Il m'a pourtant fait pitié. Je l'ai vu si défait, si pâle et si triste, que j'ai eu peur qu'il ne se trouve mal.

ARAMINTE, *qui ne l'a pas regardé jusque-là, et qui a toujours rêvé, dit d'un ton haut.*

Mais qu'on aille donc voir. Quelqu'un l'a-t-il suivi ? Que ne le secouriez-vous ? Faut-il tuer cet homme ?

DUBOIS

J'y ai pourvu, Madame. J'ai appelé Arlequin, qui ne le quittera pas, et je crois d'ailleurs qu'il n'arrivera rien ; voilà qui est fini. Je ne suis venu que pour vous dire une chose, c'est que je pense qu'il demandera à vous parler, et je ne conseille pas à Madame de le voir davantage ; ce n'est pas la peine.

ARAMINTE, *sèchement.*

Ne vous embarrassez pas ; ce sont mes affaires.

DUBOIS

En un mot vous en êtes quitte, et cela par le moyen de cette lettre qu'on vous a lue et que Mademoiselle Marton a tirée d'Arlequin par mon avis ; je me suis douté qu'elle pourrait vous être utile ; et c'est une excellente idée que j'ai eue là ; n'est-ce pas, Madame ?

ARAMINTE, *froidement.*

Quoi ! c'est à vous que j'ai l'obligation de la scène qui vient de se passer ?

DUBOIS, *librement.*

Oui, Madame.

ARAMINTE

Méchant valet ! ne vous présentez plus devant moi.

DUBOIS, *comme étonné.*

Hélas ! Madame, j'ai cru bien faire.

ARAMINTE

Allez, malheureux ! Il fallait m'obéir ; je vous avais dit de ne plus vous en mêler ; vous m'avez jetée dans tous les désagréments que je voulais éviter. C'est vous qui avez répandu tous les soupçons qu'on a eus sur son compte, et ce n'est pas par attachement pour moi que vous m'avez appris qu'il m'aimait, ce n'est que par le plaisir de faire du mal. Il m'importait peu d'en être instruite ; c'est un amour que je n'aurais jamais su, et je le trouve bien malheureux d'avoir eu affaire à vous, lui qui a été votre maître, qui vous affectionnait, qui vous a bien traité, qui vient, tout récemment encore, de vous prier à genoux de lui garder le secret. Vous l'assassinez, vous me trahissez moi-même. Il faut que vous soyez capable de tout. Que je ne vous voie jamais, et point de réplique.

DUBOIS *s'en va en riant.*

Allons, voilà qui est parfait.

SCÈNE 10

Araminte, Marton.

MARTON, *triste.*

La manière dont vous m'avez renvoyée, il n'y a qu'un moment, me montre que je vous suis désagréable, Madame, et je crois vous faire plaisir en vous demandant mon congé.

ARAMINTE, *froidement.*

Je vous le donne.

MARTON

Votre intention est-elle que je sorte dès aujourd'hui, Madame ?

ARAMINTE

Comme vous voudrez.

MARTON

Cette aventure-ci est bien triste pour moi !

ARAMINTE

Oh ! point d'explication, s'il vous plaît.

MARTON

Je suis au désespoir.

ARAMINTE, *avec impatience.*

Est-ce que vous êtes fâchée de vous en aller ? Eh bien restez, Mademoiselle, restez ; j'y consens ; mais finissons.

MARTON

Après les bienfaits dont vous m'avez comblée, que ferais-je auprès de vous, à présent que je vous suis suspecte et que j'ai perdu toute votre confiance ?

ARAMINTE

Mais que voulez-vous que je vous confie ? Inventerai-je des secrets pour vous les dire ?

MARTON

Il est pourtant vrai que vous me renvoyez, Madame ; d'où vient ma disgrâce ?

ARAMINTE

Elle est dans votre imagination ; vous me demandez votre congé, je vous le donne.

MARTON

Ah ! Madame, pourquoi m'avez-vous exposée au malheur de vous déplaire ? J'ai persécuté par ignorance l'homme du monde le plus aimable, qui vous aime plus qu'on n'a jamais aimé.

ARAMINTE, *à part.*

Hélas !

MARTON

Et à qui je n'ai rien à reprocher ; car il vient de me parler. J'étais son ennemie, et je ne la suis plus. Il m'a tout dit. Il ne m'avait jamais vue ; c'est Monsieur Remy qui m'a trompée, et j'excuse Dorante.

ARAMINTE

À la bonne heure.

MARTON

Pourquoi avez-vous eu la cruauté de m'abandonner au hasard d'aimer un homme qui n'est pas fait pour moi, qui est digne de vous, et que j'ai jeté dans une douleur dont je suis pénétrée ?

ARAMINTE, *d'un ton doux.*

Tu l'aimais donc, Marton ?

MARTON

Laissons là mes sentiments. Rendez-moi votre amitié comme je l'avais, et je serai contente.

ARAMINTE

Ah ! je te la rends tout entière.

MARTON, *lui baisant la main.*

Me voilà consolée.

ARAMINTE

Non, Marton, tu ne l'es pas encore. Tu pleures et tu m'attendris.

MARTON

N'y prenez point garde ; rien ne m'est si cher que vous.

ARAMINTE

Va, je prétends bien te faire oublier tous tes chagrins. Je pense que voici Arlequin.

SCÈNE 11

Araminte, Marton, Arlequin.

ARAMINTE

Que veux-tu ?

ARLEQUIN, *pleurant et sanglotant.*

J'aurais bien de la peine à vous le dire : car je suis dans une détresse qui me coupe entièrement la parole à cause de la trahison que Mademoiselle Marton m'a faite. Ah ! quelle ingrate perfidie !

MARTON

Laisse là ta perfidie, et nous dis ce que tu veux.

ARLEQUIN

Ah ! Cette pauvre lettre ! quelle escroquerie !

ARAMINTE

Dis donc ?

ARLEQUIN

Monsieur Dorante vous demande à genoux qu'il vienne ici vous rendre compte des paperasses qu'il a eues dans les mains depuis qu'il est ici. Il m'attend à la porte où il pleure.

MARTON

Dis-lui qu'il vienne.

ARLEQUIN

Le voulez-vous, Madame ? car je ne me fie pas à elle. Quand on m'a une fois affronté[1], je n'en reviens point.

MARTON, *d'un air triste et attendri.*

Parlez-lui, Madame ; je vous laisse.

ARLEQUIN, *quand Marton est partie.*

Vous ne répondez point, Madame.

ARAMINTE

Il peut venir.

SCÈNE 12

Dorante, Araminte.

ARAMINTE

Approchez, Dorante.

DORANTE

Je n'ose presque paraître devant vous.

1. Trompé.

ARAMINTE, *à part.*

Ah ! je n'ai guère plus d'assurance que lui. (*Haut.*) Pourquoi vouloir me rendre compte de mes papiers ? Je m'en fie bien à vous ; ce n'est pas là-dessus que j'aurai à me plaindre.

DORANTE

Madame... j'ai autre chose à dire... je suis si interdit, si tremblant, que je ne saurais parler.

ARAMINTE, *à part, avec émotion.*

Ah ! que je crains la fin de tout ceci !

DORANTE, *ému.*

Un de vos fermiers est venu tantôt, Madame.

ARAMINTE, *émue.*

Un de mes fermiers ?... cela se peut.

DORANTE

Oui, Madame... il est venu.

ARAMINTE, *toujours émue.*

Je n'en doute pas.

DORANTE, *ému.*

Et j'ai de l'argent à vous remettre.

ARAMINTE

Ah ! de l'argent... nous verrons.

DORANTE

Quand il vous plaira, Madame, de le recevoir.

ARAMINTE

Oui... je le recevrai... Vous me le donnerez. (*À part.*) Je ne sais ce que je lui réponds.

DORANTE

Ne serait-il pas temps de vous l'apporter ce soir ou demain, Madame ?

ARAMINTE

Demain, dites-vous ? Comment vous garder jusque là, après ce qui est arrivé ?

DORANTE, *plaintivement.*

De tout le reste de ma vie que je vais passer loin de vous, je n'aurais plus que ce seul jour qui m'en serait précieux.

ARAMINTE

Il n'y a pas moyen, Dorante, il faut se quitter. On sait que vous m'aimez, et l'on croirait que je n'en suis pas fâchée.

DORANTE

Hélas ! Madame, que je vais être à plaindre !

ARAMINTE

Ah ! allez, Dorante, chacun a ses chagrins.

DORANTE

J'ai tout perdu ! J'avais un portrait et je ne l'ai plus.

ARAMINTE

À quoi vous sert de l'avoir ? Vous savez peindre.

DORANTE

Je ne pourrai de longtemps m'en dédommager ; d'ailleurs, celui-ci m'aurait été bien cher ! Il a été entre vos mains, Madame.

ARAMINTE

Mais vous n'êtes pas raisonnable.

DORANTE

Ah ! Madame, je vais être éloigné de vous ; vous serez assez vengée ; n'ajoutez rien à ma douleur.

ARAMINTE

Vous donner mon portrait ! Songez-vous que ce serait avouer que je vous aime ?

DORANTE

Que vous m'aimez, Madame ! Quelle idée ! qui pourrait se l'imaginer ?

ARAMINTE, *d'un ton vif et naïf.*

Et voilà pourtant ce qui m'arrive.

DORANTE, *se jetant à ses genoux.*

Je me meurs !

ARAMINTE

Je ne sais plus où je suis : modérez votre joie ; levez-vous, Dorante.

DORANTE, *se lève, et dit tendrement.*

Je ne la mérite pas ; cette joie me transporte, je ne la mérite pas, Madame ; vous allez me l'ôter ; mais n'importe, il faut que vous soyez instruite.

ARAMINTE, *étonnée.*

Comment ! que voulez-vous dire ?

DORANTE

Dans tout ce qui se passe chez vous, il n'y a rien de vrai que ma passion, qui est infinie, et que le portrait que j'ai fait. Tous les incidents qui sont arrivés partent de l'industrie[1] d'un domestique qui savait mon amour, qui m'en plaint, qui, par le charme de l'espérance, du plaisir de vous voir, m'a, pour ainsi dire, forcé de consentir à son stratagème : il voulait me faire valoir auprès de vous. Voilà, Madame, ce que mon respect, mon amour et mon caractère ne me permettent pas de vous cacher. J'aime encore mieux regretter votre tendresse que de la devoir à l'artifice qui me l'a acquise. J'aime mieux votre haine que le remords d'avoir trompé ce que j'adore.

ARAMINTE, *le regardant quelque temps sans parler.*

Si j'apprenais cela d'un autre que de vous, je vous haïrais sans doute ; mais l'aveu que vous m'en faites vous-même, dans un moment comme celui-ci, change tout. Ce trait de sincérité me charme, me paraît incroyable, et vous êtes le plus honnête homme du monde. Après tout, puisque vous m'aimez véritablement, ce que vous avez fait pour gagner mon cœur n'est point blâmable ; il est permis à un amant de chercher les moyens de plaire, et on doit lui pardonner, lorsqu'il a réussi.

DORANTE

Quoi ! la charmante Araminte daigne me justifier !

1. La ruse

ARAMINTE

Voici le Comte avec ma mère ; ne dites mot, et laissez-moi parler.

SCÈNE 13

Dorante, Araminte, le Comte, Madame Argante, Dubois, Arlequin.

MADAME ARGANTE, *voyant Dorante.*

Quoi ! le voilà encore ?

ARAMINTE, *froidement.*

Oui, ma mère. (*Au Comte.*) Monsieur le Comte, il était question de mariage entre vous et moi et il n'y faut plus penser. Vous méritez qu'on vous aime ; mon cœur n'est point en état de vous rendre justice et je ne suis pas d'un rang qui vous convienne.

MADAME ARGANTE

Quoi donc ! que signifie ce discours ?

LE COMTE

Je vous entends, Madame, et sans l'avoir dit à Madame (*montrant Madame Argante*) je songeais à me retirer. J'ai deviné tout. Dorante n'est venu chez vous qu'à cause qu'il vous aimait ; il vous a plu ; vous voulez lui faire sa fortune ; voilà tout ce que vous alliez dire.

ARAMINTE

Je n'ai rien à ajouter.

MADAME ARGANTE, *outrée.*

La fortune à cet homme-là !

LE COMTE, *tristement.*

Il n'y a plus que notre discussion, que nous réglerons à l'amiable. J'ai dit que je ne plaiderais point et je tiendrai parole.

ARAMINTE

Vous êtes bien généreux : envoyez-moi quelqu'un qui en décide, et ce sera assez.

MADAME ARGANTE

Ah ! la belle chute ! Ah ! ce maudit intendant ! Qu'il soit votre mari tant qu'il vous plaira ; mais il ne sera jamais mon gendre.

ARAMINTE

Laissons passer sa colère, et finissons.

Ils sortent.

DUBOIS

Ouf ! ma gloire m'accable ; je mériterais bien d'appeler cette femme-là ma bru.

ARLEQUIN

Pardi ! nous nous soucions bien de ton tableau à présent ! L'original nous en fournira bien d'autres copies.

LES CLÉS DE L'ŒUVRE

I - AU FIL DU TEXTE

II - DOSSIER HISTORIQUE ET LITTÉRAIRE

AU FIL DU TEXTE

  - Ruy Blas, « le ver de terre amoureux d'une étoile »
- Dossiers et pistes de recherches
  - Marivaux et les Italiens
  - Le « marivaudage »
  - « Vers la comédie bourgeoise »
  - La différence des conditions et la philosophie de Marivaux
- Parcours critique

I - DÉCOUVRIR

La phrase clé

DUBOIS : « Fierté, raison et richesse, il faudra que tout se rende. Quand l'amour parle, il est le maître ; et il parlera. »
(acte I, scène 2, p. 21)

- **LA DATE**

En 1737, Marivaux a quarante-neuf ans ; il est devenu un auteur dramatique célèbre depuis le succès de ses premières comédies dans les années vingt (*Arlequin poli par l'amour*, 1720 ; *La Surprise de l'amour*, 1722 ; *La Double Inconstance*, 1723). Il s'est imposé comme le meilleur auteur du Nouveau Théâtre-Italien (voir le dossier « Les nouveaux Italiens », p. 219) à qui il a confié la quasi-totalité de ses pièces : *Les Fausses Confidences* sont la vingt-septième, mais aussi la dernière composée en trois actes. En fait, elles sont créées par les Comédiens-Italiens sous le titre de *La Fausse Confidence* (voir ci-après) : la première représentation en est donnée le 16 mars 1737 à l'Hôtel de Bourgogne. « Très médiocre succès », écrit un commentateur contemporain : « Cette pièce était dans le véritable genre de la comédie, mais elle péchait en beaucoup de points, et d'ailleurs c'était encore une *Surprise de l'amour* ! » (Dubuisson). Sans doute faut-il aussi imputer cet insuccès à une interprétation hétérogène et décevante : pour une fois, Marivaux n'est pas mieux servi par les Italiens que par les Comédiens-Français ; ce qui explique que la pièce quitte l'affiche après six représentations seulement.

Pourtant ce mauvais départ n'empêche pas une reprise bien plus réussie le 7 juillet 1738 : cette fois intitulée *Les Fausses Confidences*, la pièce est accompagnée par la création de *La Joie imprévue*, une comédie en un acte composée hâtivement par Marivaux pour soutenir précisément cette reprise. « Le public a rendu, à la reprise de cette ingénieuse pièce, la justice qu'elle mérite, ayant été représentée par les principaux acteurs dans la plus grande perfection », témoigne le journal *Le Mercure*. Dès lors, *Les Fausses Confidences* occupent une place de choix dans le répertoire des Italiens à l'Hôtel de Bourgogne : on en parle comme d'une « pièce excellente » (Gueullette) et les spectateurs la revoient toujours « avec un nouveau plaisir » (Desboulmiers). Aujourd'hui, elles demeurent la comédie la plus jouée de Marivaux avec *Le Jeu de l'amour et du hasard* (1730) et *L'Épreuve* (1740), constituant ainsi la pièce centrale d'une « grande » trilogie où s'épanouit l'art du fameux *marivaudage* (voir dans « Dossiers et pistes de recherche », ci-après). De fait, après *Les Fausses Confidences*, Marivaux n'écrira pratiquement plus pour le théâtre : en quelque vingt-cinq ans (il meurt en 1763), seulement sept ou huit comédies en un acte.

• LE TITRE

Un adjectif et un substantif : une association souvent choisie par Marivaux (*La Double Inconstance, La Fausse Suivante, Le Dénouement imprévu, Les Serments indiscrets, L'Heureux Stratagème, La Joie imprévue,* etc.), qui pourrait suggérer la liaison typiquement marivaudienne de l'arithmétique (vrai/faux – voir *double*) et du sentiment (confidence/confiance/aveu – voir *inconstance*).

Le terme de « confidence » – « communication d'un secret qui concerne soi-même », définition du Petit Robert –, qui renvoie étymologiquement à la notion fondamentale pour les Romains de la *fides* (la *foi* qui engage la *fidélité* à un engagement fondé sur la *confiance* réciproque), dénote un acte de parole et connote divers aspects du discours : la confession (« faire une confidence à quelqu'un »), le secret (« parler en confidence » = sous le sceau du secret), voire la transgression de l'interdit (« mettre quelqu'un dans la confidence »).

Il évoque aussi le rôle du confident dans la tradition théâtrale classique et tragique : « au théâtre, personnage secondaire qui reçoit les confidences des principaux personnages pour que le public soit instruit des desseins et des événements » (Petit Robert) – voir, entre autres, le rôle d'Œnone dans l'aveu de Phèdre (*Phèdre*, Racine, même collection).

Le terme « fausses » ne peut manquer de faire écho à toute la thématique/problématique de la sincérité propre à Marivaux (voir ci-après).

À l'origine, on l'a vu, le titre était au singulier : *la* fausse confidence qui représente la quintessence même de l'art de son auteur (Dubois, relais de Marivaux, voir ci-après), c'est la scène 14 de l'acte I, celle que Jean Goldzink analyse comme un véritable « roman d'amour » dont le valet construit le « récit rusé » en « détaillant plaisamment les stations extatiques, Araminte au chaud des salons, Dorante et son valet dans le gel et la rue » pour susciter la curiosité et le trouble de sa « victime » fascinée (« L'Escalier et le déshabillé » dans *Les Fausses Confidences, Cahiers de la Comédie-Française*, n° 22, 1997).

Passées au pluriel, les confidences sont de plusieurs types (fausses vraies et vraies fausses) :

– celles de Dubois le « machinateur » (I, 14 ; II, 12 ; III, 9) ;

– celle de Dorante le « galant » où il se donne à voir en amoureux tellement épris et humble qu'il n'ose se déclarer (II, 13 ; III, 12).

Ainsi s'élabore une chaîne subtile de communication proprement fantasmatique (génératrice de fantasmes) ordonnée par le valet : « Cet art de la confidence, si dévastateur et efficace, s'explique chez Dubois par son statut de personnage et de métapersonnage, à la fois engagé dans l'intrigue et délégué par le dramaturge comme démiurge ayant le pouvoir de machiner le texte à sa guise. Le mécanisme dynamique de ces chaînes d'« interconfidences » n'est en effet amorcé que par le désir de l'autre. La fausse confidence est transitionnelle, car elle implique trois termes : le locuteur, le confident et le sujet de la confidence. [...] Le locuteur oblige le confident à écouter un discours qu'il préférerait ne pas entendre, car il l'oblige à fantasmer et accepter une situation qu'il n'avait pas encore envisagée ni acceptée. Il en résulte une communication entre locuteur et confident par fantasme interposé, chacun parlant à l'autre en référence à l'objet de la confidence. Cette communication et ce désir triangulaire autorisent les locuteurs à fantasmer, c'est-à-dire à créer une réalité qui n'existe pas encore. [...] Ce schéma du plaisir dans la confidence – fausse ou vraie – n'est pas sans rappeler le mécanisme du mot d'esprit décrit par Freud » (Patrice Pavis, *Marivaux à l'épreuve de la scène*, publication de la Sorbonne, université Paris III-Panthéon-Sorbonne, 1986).

→ Voir, ci-après, « Le pacte de lecture » ainsi que « Dubois le machinateur » dans « Les thèmes clés » et « L'œil du maître : observateurs et *machinateurs* » dans les « Lectures croisées ».

• COMPOSITION

Le point de vue de l'auteur

Le pacte de lecture

En dehors d'un unique essai « de jeunesse », aussi laborieusement « cornélien » que fort peu concluant – *La Mort d'Annibal*, tragédie en cinq actes et en alexandrins, représentée à la Comédie-Française le 16 décembre 1720 –, Marivaux dramaturge n'a composé que des comédies en un ou trois actes. En rupture avec les gloires du siècle précédent – Corneille trop d'héroïsme, Racine trop de passion, Molière trop de farce –, il a choisi de se forger un genre nouveau : plus modeste et moins tumultueux. Ce ne sera le théâtre d'aucun drame, d'aucun débordement, ni tragique, ni comique : les amours y seront sans larmes, la gaicté sans effusion grossière.

Si Marivaux a choisi la comédie comme laboratoire du cœur (voir « la surprise de l'amour » dans « Les thèmes clés », ci-après), il n'en néglige pas pour autant la dimension morale que la grande tradition classique lui avait léguée (voir le fameux *castigare ridendo mores* de Molière – corriger les mœurs par le rire). La leçon est aussi noble que simple : trouver la « vraie » voie/voix de son cœur pour le laisser parler avec générosité ; un apprentissage délicat et grave pour qui devine l'« insoutenable légèreté de l'être », une mission toujours renouvelée pour le poète dont on pourrait trouver une caricature amusée dans un dialogue de *L'Île de la raison* (1727) :

Le Poète – « Et puis il y a des comédies où je représentais les vices et les ridicules des hommes.

Blectrue – Ah ! Je leur pardonne de pleurer là.

Le Poète – Point du tout ; cela les faisait rire. [...]

Blectrue – Pleurer où l'on doit rire, et rire où l'on doit pleurer. Les monstrueuses créatures. » (I, 10).

Comme la quasi-totalité des comédies précédentes, *Les Fausses Confidences* développent donc les subtiles variations du contrat proprement « marivaudien » : un jeu et un débat entre Amour et Vérité – c'est précisément le titre de l'un des premiers essais au théâtre de Marivaux, *L'Amour et la Vérité* (une comédie écrite en 1720 en collaboration avec le Chevalier de Saint-Jorry, dont il ne reste plus qu'une scène). « Il n'est aucune des grandes pièces de Marivaux qui ne progresse vers une clarté intérieure, vers une transparence de soi-même à soi-même et de soi-même à l'autre » (Gabriel Marcel, préface au *Theâtre choisi de Marivaux*, éditions des Loisirs, 1947). L'épreuve conduit au « dépouillement des âmes » (expression de Marivaux lui-même dans *Le Cabinet du philosophe*) et au triomphe de la sincérité du sentiment qui seul réconcilie « la vérité de l'amour et l'amour de la vérité » (formule de Michel Deguy dans *La Machine matrimoniale ou Marivaux*, Gallimard, 1981).

L'amour n'est plus en lutte avec une loi qui l'opprime (par exemple les pères abusifs des comédies « classiques », dans la tradition moliéresque), mais avec lui-même : si l'obstacle peut paraître externe (les conventions sociales représentées dans la pièce par le Comte et par la mère Madame Argante), il devient vite interne (Araminte se défend d'aimer Dorante). Cette intériorisation du conflit entre les principes de devoir et de plaisir, nécessaire au développement de toute comédie, est la caractéristique la plus fondamentale du théâtre de Marivaux.

Toute la progression dramatique a pour but de faire avouer à la veuve Araminte ses sentiments pour son intendant Dorante par un jeu subtil de micro-comédies « machinées » par le valet Dubois qui tient en quelque sorte la fonction de metteur en scène « machiavélien ». C'est là une des caractéristiques essentielles de la dramaturgie marivaudienne : une forme de « mise en abyme » (la comédie dans la comédie) qui consiste à afficher ses propres modes de fonctionnement. « De la sorte, avec de nombreuses variantes, chaque pièce se développe sur un double palier, celui du cœur qui "jouit de soi" et celui de la conscience spectatrice. Où est la vraie pièce ? Elle est dans la surimpression et l'entrelacement des deux plans, dans les décalages et les échanges qui s'établissent entre eux et qui nous proposent le plaisir subtil d'une attention binoculaire et d'une double lecture » (Jean Rousset, « Marivaux ou la structure du double registre », *Forme et signification*, Corti, 1963).

C'est ainsi que se donne à voir le rôle de Dubois : grand « ordonnateur » des opérations destinées à susciter l'amour d'Araminte pour Dorante, il affiche sa parfaite maîtrise de la situation dès le début de la pièce (« Vous réussirez, vous dis-je. Je m'en charge, je le veux, je l'ai mis là », affirme-t-il à son ancien maître en montrant son front, I, 2). Habile meneur de jeu, il va amener Araminte à se confier sans méfiance. On ne peut manquer de constater que c'est un rôle exactement du même type que jouait déjà la domestique Flaminia dans *La Double Inconstance* (1723, voir dans la même collection Pocket Classiques, n° 6119) : même stratégie de la « fausse confidence » (Flaminia devient la « fausse confidente » de Silvia pour l'amener à dévoiler ses sentiments pour le Prince), même confiance dans ses talents de démiurge qui conduit à jouer au prophète « infaillible ». « Je vous garantis aimé, je vous garantis marié ; Silvia va vous donner son cœur, ensuite sa main ; je l'entends d'ici vous dire : “Je vous aime” ; je vois vos noces, elles se font ; Arlequin m'épouse, vous nous honorez de vos bienfaits, et voilà qui est fini » (*La Double Inconstance*, I, 8).

Comme l'a remarqué William Ince dans sa communication sur « l'unité du double registre chez Marivaux » (*Les Chemins actuels de la critique*, UGE, 1968), Flaminia, « l'œil omniprésent et omniscient » qu'a évoqué Jean Rousset pour Dubois, « dépeint l'avenir comme il sera infailliblement dès qu'elle en sera chargée », elle « sent tout l'écart qui la sépare des autres, si dépourvus de talents auprès d'elle », et « se caricature par l'excès même de sa verve » (M. Gilot, *L'Esthétique de Marivaux*, SEDES, 1998). De fait, cette prédiction proprement « visionnaire » de Flaminia au Prince ne manque pas de préfigurer celles de Dubois à Dorante : « Notre affaire est infaillible : il me semble que je vous vois déjà en déshabillé dans l'appartement de Madame », ou encore : « Elle se débattra tant, elle deviendra si faible, qu'elle ne pourra se soutenir qu'en épousant ; vous m'en direz des nouvelles » (*Les Fausses Confidences*, I, 2).

Ainsi Dubois semble-t-il porter à son degré de perfection dramaturgique cette fonction que Marivaux avait déjà expérimentée avec Flaminia (et quelques autres – voir « L'œil du maître » : observateurs et « machinateurs » dans les lectures croisées, ci-après) : il est le relais même du dramaturge à l'intérieur de sa comédie, en cumulant les fonctions d'organisation de l'intrigue, de distribution des rôles, d'analyse psychologique des personnages. Dans ce procédé de l'illusion propre à l'essence même du théâtre, le personnage manipulateur est donc l'instrument indispensable d'un « pacte de lecture » original : il incarne aussi bien la puissance démiurgique de l'auteur par sa capacité à « tirer les ficelles » que le désir fantasmatique du spectateur « voyeur » par sa position d'observateur privilégié.

Les objectifs d'écriture

Marivaux n'a pas inventé l'intrigue des *Fausses Confidences* : parmi ses sources probables, on cite *Le Chien du jardinier* de l'Espagnol Lope de Vega (1618) dont les Comédiens-Italiens ont déjà tiré le canevas de *La Dame amoureuse par envie*, jouée le 6 juillet 1716 à l'Hôtel de Bourgogne (voir dans les « Lectures croisées », ci-après), et l'« Histoire de Monsieur Dupuis et de Madame de Londé » de Robert Chasles dans *Les Illustres Françaises*, parues en 1713 (comme la Célimène de Molière qui revendique sa liberté, une « charmante veuve », Mme de Londé, refuse le mariage avec le très amoureux M. Dupuis, malgré les manœuvres du valet d'intrigue Poitiers).

Cependant, sur ces schémas empruntés, Marivaux choisit de « broder » selon ses motifs propres : on ne manquera pas de noter de nombreux points communs, typiquement « marivaudiens », avec (entre autres) *La Surprise de l'amour* et *Le Jeu de l'amour et du hasard*, dont la pièce reprend bien des situations et des procédés. On constatera aussi que la trame des *Fausses Confidences* et le personnage d'Araminte s'inscrivent dans une sorte de trilogie (avec *La Surprise de l'amour* et *La Seconde Surprise de l'amour*) sur le thème de la jeune veuve qui trouve à se remarier « selon son cœur » (voir « Les trois veuves » dans les « Lectures croisées », ci-après).

Comme le raconte d'Alembert dans son éloge, Marivaux était pleinement conscient du reproche que les critiques contemporains lui adressaient (voir le dossier « Marivaux, *un précurseur* face aux critiques », p. 207) : « Cette éternelle *surprise de l'amour*, sujet unique des comédies de Marivaux, est la principale critique qu'il ait essuyée sur le fond de ses pièces [...] Il sentait, ou plutôt il avouait, cet air de famille qu'on reprochait à ses pièces. »

« Chez mes confrères, disait-il – et on reconnaîtra bien ici son langage –, l'Amour est en querelle avec ce qui l'environne, et finit par être heureux, malgré les opposants ; chez moi, il n'est en querelle qu'avec lui seul, et finit par être heureux malgré lui. Il apprendra dans mes pièces à se défier encore plus des tours qu'il se joue que des pièges qui lui sont tendus par des mains étrangères. »

« Dans mes pièces, dit-il, c'est tantôt un amour ignoré des deux amants, tantôt un amour qu'ils sentent et qu'ils veulent se cacher l'un à l'autre, tantôt un amour timide qui n'ose se déclarer ; tantôt enfin un amour incertain et comme indécis, un amour à demi né, pour ainsi dire, dont ils se doutent sans être bien sûrs, et qu'ils épient au-dedans d'eux-mêmes avant de lui laisser prendre l'essor » (Marivaux cité par d'Alembert dans son *Éloge de Marivaux*, imprimé en 1785).

« J'ai guetté, disait-il – qu'on nous permette de le faire parler encore un moment –, j'ai guetté dans le cœur humain toutes les niches différentes où peut se cacher l'amour lorsqu'il craint de se montrer, et chacune de mes comédies a pour objet de le faire sortir de ces niches. » (*Notes sur l'éloge précédent.*)

« Marivaux est le peintre de l'amour-mystère. Pour ses personnages, l'amour est toujours une "surprise". Jamais la conscience ne peut prévoir un sentiment, en deviner l'éclosion ou l'approche. L'amour ne surgit devant l'esprit que lorsqu'il est déjà tout constitué et sans qu'on soit en mesure d'en restituer, même après coup, le cheminement et les causes. (...) Les héros marivaudiens ne demandent d'ailleurs qu'à transformer cette ignorance d'eux-mêmes en un délicieux sentiment d'irresponsabilité. D'expérience qu'elle était d'abord, la surprise devient méthode. Cette façon d'être absent à soi-même, de laisser le "hasard" façonner le cœur ou l'esprit est particulière à Marivaux » (Robert Mauzi, *L'Idée de bonheur au XVIIIe siècle*, A. Colin, 1969).

À travers les méandres subtils d'une histoire d'amour d'apparence aussi ordinaire que difficile à vivre (les amours d'une riche veuve et d'un jeune homme pauvre), les choix thématiques et problématiques des *Fausses Confidences* s'inscrivent dans la cohérence d'un ensemble dramaturgique fortement structuré autour de l'expérimentation littéraire, morale et sociale qui constitue « le cœur » de l'œuvre de Marivaux : l'amour et la vérité, l'illusion et la sincérité, le travestissement, le mérite et l'argent. « On n'a pas toujours assez marqué que, dans *Les Fausses Confidences*, l'étude d'un milieu bourgeois où l'argent compte autant sinon plus que l'amour est poussée plus loin que dans aucune autre pièce de Marivaux. Le romancier du *Paysan parvenu* a apporté de l'eau au moulin du dramaturge. Et c'est bien là ce qui fait des *Fausses Confidences*, sinon le chef-d'œuvre de Marivaux, du moins son œuvre la plus complexe : une pièce où s'équilibrent la surprise de l'amour vécue par Araminte, la comédie sentimentale dont Dorante est le héros et cette implacable machination montée par Dubois où Louis Jouvet ne voyait rien de moins qu'un « spectacle éprouvant pour la dignité humaine » (Bernard Dort, présentation de la pièce dans l'intégrale du *Théâtre de Marivaux*, Le Seuil, 1964).

Structure de l'œuvre

Une jeune et riche veuve, Araminte, a remarqué Dorante, un jeune homme pauvre – mais séduisant ! – qu'elle engage comme intendant, sans savoir qu'il l'aime. Grâce aux manœuvres de Dubois, son valet, après avoir été celui de Dorante, Araminte s'éprend de son bel intendant au point de l'épouser malgré les remontrances de son entourage.

« Quand l'amour parle, il est le maître ; et il parlera » (Dubois à Dorante, *Les Fausses Confidences*, I, 2). Chaque comédie de Marivaux peut se lire comme le compte rendu minutieux de cette victoire. « Dans cet amour qui s'ignore, et qui peu à peu se découvre à lui-même, l'auteur sait ménager avec art la gradation la plus déliée, quoique très sensible au spectateur. Cette gradation donne à ses comédies une sorte d'intérêt de curiosité ; elles sont, il est vrai, sans action proprement dite, parce que tout s'y passe en discours bien plus qu'en intrigue » (d'Alembert, *op. cit.*). Marivaux « nous montre une société où l'amour est repris aux dieux brutaux de l'amour et rendu en toute propriété à l'amoureux et à l'amoureuse. Aucun conflit, aucune catastrophe imminente, aucune hâte. Le sujet est toujours le même. C'est la parade avant les noces et qui a tout son temps. Le débat du héros et de l'héroïne n'est pas le jeu d'une coquetterie ou d'une crise, mais la recherche d'un assentiment puissant qui les liera pour une vie commune de levers, de repas, de repos » (Jean Giraudoux, *Hommage à Marivaux*, Magnard, 1943).

Ce sont donc les « machinations » de Dubois et la « marche vers l'aveu » d'Araminte qui structurent la pièce dans un « jeu de l'amour » où rien n'est laissé au « hasard » : « Toute pièce de Marivaux est une marche vers l'aveu ; elle est faite d'aveux graduels et voilés ; la scène dominante de chaque acte est toujours la scène d'aveu, c'est autour d'elle que l'acte s'organise. Aussi le rôle des acteurs témoins sera-t-il de faciliter ou de provoquer sans en avoir l'air un aveu qui tarde, parce que les cœurs marivaudiens sont lents, ou un aveu qui se refuse, parce que les cœurs se dérobent ou se dissimulent » (Jean Rousset, « Marivaux ou la structure du double registre », *op. cit.*). « Quand les sentiments qu'exprime le langage en les dissimulant sont devenus irrépressibles, l'aveu éclate. Cette explosion provoquée par le langage détruit le langage, et le dénouement est atteint quand il n'est plus nécessaire de parler » (Jacques Scherer, « Analyse et mécanisme des *Fausses Confidences* », Cahiers Renaud-Barrault, n° 28, janvier 1960).

Un dénouement qui suppose l'obligatoire *happy ending* : « Cette guerre de chicane, si nous pouvons parler ainsi, que l'Amour se fait à lui-même dans les pièces de notre académicien, et qui finit brusquement par le mariage, dès l'instant même où les acteurs se sont éclaircis sur leurs sentiments mutuels, a fait dire que ses amants s'aiment le plus tard qu'ils peuvent, et se marient le plus tôt qu'il est possible » (d'Alembert, *op. cit.*).

« La pièce est finie quand les deux paliers se confondent, c'est-à-dire quand le groupe des héros regardés se voient comme les voyaient les personnages spectateurs. Le dénouement réel, ce n'est pas le mariage qu'on nous promet au baisser du rideau, c'est la rencontre du cœur et du regard » (J. Rousset. *op. cit.*).

Le rideau tombe donc sur la réalisation annoncée (mais ambiguë par son implicite) d'une union (« Qu'il soit votre mari tant qu'il vous plaira ; mais il ne sera jamais mon gendre » clame Madame Argante, III, 13), il reste peut-être à imaginer la suite : « De toutes les façons de faire cesser l'amour, écrit Marivaux dans *Le Cabinet de philosophe*, la plus sûre est de le satisfaire. Les cœurs ardents et sensibles cessent bientôt d'aimer parce qu'ils se hâtent trop d'aimer ».

II - LIRE

Pour esquisser la mise en place problématique d'une lecture intégrale de la pièce, cinq axes de lecture – ou plutôt d'entrée en lecture – pourraient être définis, plus ou moins privilégiés selon les actes et les scènes, à rapprocher éventuellement de plusieurs autres comédies de Marivaux. Sans oublier, bien entendu, que tout « découpage » théorique fige nécessairement la richesse même du texte théâtral qui joue, de manière explicite ou implicite, sur la multiplicité des enjeux. N'apparaissent donc ici que des « dominantes » à retrouver et à croiser dans le champ ouvert, indéfiniment renouvelé, des lectures possibles.

Axe formel	**La permanence de procédés dramaturgiques** La mise en forme de plusieurs héritages littéraires modélisateurs : – la comédie antique (voir le rôle de l'esclave adjuvant des amours de son jeune maître dans les pièces des auteurs latins Plaute et Térence) ; – le théâtre de Molière (voir en particulier les valets « démiurges », au premier rang desquels Scapin et ses fourberies). Un ensemble qui permet de définir des éléments stéréotypés plus ou moins déterminants : – schéma de l'intrigue : ex. le serviteur « machinateur » et ses « machinations » ; – typologie des personnages : ex. le *zanne* Arlequin (il joue ici un rôle effacé par rapport aux comédies antérieures), la servante Marton ; – sources du comique : l'opposition des deux valets, Arlequin (le benêt)/ Dubois (le roué).

Axe esthétique	**L'expérimentation de jeux scénographiques** L'aménagement de la représentation (décor, costumes, etc.) : – le jeu des acteurs : voir Silvia et « les nouveaux Italiens » (dossier p. 219) ; – l'exploitation de l'illusion proprement théâtrale : le jeu de la comédie « dans la comédie » (Dubois « meneur de jeu ») ; – l'illusion comme mise à l'épreuve amoureuse (Dorante ne se déguise pas, mais il se fait embaucher comme un simple domestique).

Axe psychologique	**L'observation des comportements et des sentiments** L'étude des caractères : – les surprises de l'amour et la « vérité » des cœurs : comment le personnage découvre progressivement l'irrésistible puissance de son désir amoureux (le fameux « marivaudage »), le conflit plaisir/devoir ; – la conscience de soi : comment le personnage manifeste une nouvelle perception de sa relation aux autres et au monde, comment il se découvre capable de lui résister (Araminte face au Comte et à sa mère) et/ou comment il se laisse séduire ; – le « meneur de jeu » : le personnage « démiurge » organisant l'intrigue et analysant les comportements (Dubois en stratège « machiavélien »). → *Le Jeu de l'amour et du hasard* (Dorante et Silvia découvrant leur attirance mutuelle). → *La Double Inconstance* (Flaminia à rapprocher de Dubois). → *L'Épreuve* (Lucidor « met à l'épreuve » Angélique en organisant la comédie des faux prétendants ; la résistance d'Angélique dont « la vérité » finit par l'emporter).

Axe social	**La transposition des phénomènes de société**
	La confrontation des « conditions » (au XVIIIe siècle, le mot désigne le rang social, la place dans la société ; de manière elliptique, un « homme de condition » est un noble) : – les rapports de « classes » (domestiques/bourgeois/nobles, voir le dossier « Marivaux témoin de son siècle : une société en pleine mutation » p. 193) ; – le poids des préjugés (l'amour « scandaleux » d'une bourgeoise pour son serviteur) : voir « Le préjugé vaincu » ci-après ; – le désir d'ascension sociale et le pouvoir de l'argent (le pauvre Dorante et la riche veuve). → *Le Préjugé vaincu* (l'alliance de la noblesse et de la bourgeoisie). → *L'Île des esclaves* (maîtres et valets).

Axe éthique	**La réflexion de principe sur un débat moral et philosophique**
	L'engagement du « philosophe » : – la réflexion sur la « condition » de l'homme (ici au sens de « situation de l'être », de « destinée »), la mobilité du monde et la conscience de l'éphémère, l'« inconstance » des êtres et des choses, la fragilité du bonheur humain ; – la quête de « l'honnête homme » : la confrontation des « conditions » (au sens de classes sociales), de la sincérité et de la générosité avec le cynisme et la fourberie (ambiguïté du personnage de Dorante) ; – les prises de position au sujet de la naissance, de la noblesse, de la vertu et du mérite ; – les fondements de l'autorité, le devoir de bonté et de Raison (à rapprocher des positions des Lumières, Montesquieu, Voltaire, Diderot, Rousseau). Des questions qui pourraient conduire au bord d'une remise en cause beaucoup plus « explosive », celle du pouvoir et du politique, dont on sent clairement l'amorce avec la comédie « utopique » de *L'Île des esclaves* (Pocket Classiques, n° 6225). → Les comédies « sociales » (les trois « îles » selon le modèle utopien) : *L'Île des esclaves, L'Île de la Raison, La Colonie.* → Voir *Maîtres et valets dans la comédie du XVIIIe siècle*, même collection n° 6223.

• LES THÈMES CLÉS

La surprise de l'amour et le langage du désir

Les personnages de Marivaux sont « naturellement » mobiles – versatiles au sens étymologique : ils ne cessent de (se) tourner et retourner – et donc fragiles : soumis à l'immédiateté de la sensation, ils cherchent à saisir l'unité et la vérité de leur « moi profond » au « cœur » même de leurs contradictions. C'est l'expérience – « l'épreuve », dans tous les sens d'un terme typiquement marivaudien – de l'amour « révélateur » qui leur fait découvrir, toujours avec étonnement, leur propre discontinuité (voir l'étude de Georges Poulet citée dans le parcours critique, ci-après). C'est la problématique de « l'inconstance » (voir les clés de l'œuvre de *La Double Inconstance*, dans la même collection) : elle s'inscrit dans la représentation d'un mouvement universel et perpétuel où « le change amoureux » n'est qu'une figure de la fameuse parole héraclitéenne (« On ne se baigne jamais deux fois dans le même fleuve »).

Le parcours (au sens d'une initiation) d'Araminte est une nouvelle « broderie » sur ce leitmotiv si souvent analysé (voir « Les objectifs d'écriture », ci-dessus, et « Le marivaudage » dans les dossiers et pistes de recherches, ci-après). Comme tous les amoureux marivaudiens, elle se découvre avec « surprise » : « Voilà que je vous aime ; cela est décidé et je n'y comprends rien », avoue Arlequin à Flaminia (*La Double Inconstance*, III, 7), « J'ai le cœur tout entrepris », constate Silvia (*ibid.*, III, 10) et elle-même laisse échapper *d'un ton vif et naïf* (didascalie) : « Et voilà pourtant ce qui m'arrive » face à un Dorante bouleversé qui vient de lui dire : « Que vous m'aimez, Madame ! Quelle idée ! qui pourrait se l'imaginer ? » (III, 12).

Tendre et émouvant *lapsus* (au sens étymologique du latin, « faux pas qui fait glisser ») d'Araminte ! selon la belle formule d'Arlequin dans *La Double Inconstance* (voir ci-dessous) : « son cœur allait plus vite qu'elle » car, comme le constate Marianne avec lucidité, « les petits arrangements qu'on prend d'avance sont assez souvent inutiles, et c'est la manière dont les choses tournent qui décide de ce qu'on dit ou de ce qu'on fait » (*La Vie de Marianne*). « L'amour s'installe dans l'âme comme une nature étrangère, puis s'échappe quand bon lui semble. Il est hétérogène à la conscience. L'être que l'amour a surpris ne peut que tâcher de deviner de quels accidents son cœur est le théâtre et de le dire naïvement. Au devoir chimérique de la fidélité se substitue un devoir nouveau : celui de la sincérité. Le caractère irrationnel de l'amour accuse toute l'irresponsabilité de l'homme devant lui-même : comment devrait-il assumer ce qu'il ne peut comprendre ? » (Robert Mauzi, *L'Idée de bonheur au XVIIIe siècle, op. cit.*).

Tout est signe, tout fait signe, tout est langage du désir : un geste, une attitude, une parole (ou leur absence !), un objet – voir la scène du portrait apporté « par erreur » à Marton dans le cadre de la stratégie mise en place par Dubois (II, 9), dont on trouvera une analyse minutieusement détaillée sous le titre « Illusion et dévoilement au théâtre » dans l'ouvrage de *Méthodologie littéraire* de Chantal Labre et Patrice Soler, PUF, 1995 (pp. 65-101).

Tout un code de parade amoureuse (on pense à la parade nuptiale des animaux – l'Arlequin de *La Surprise de l'amour* ne reste d'ailleurs pas insensible au spectacle « sur un arbre de deux petits oiseaux qui sont amoureux », I, 2) se donne à déchiffrer pour donner à voir « l'éternel féminin » offert au désir masculin. Comme l'explique Lélio à son valet Arlequin : « Sans l'aiguillon de l'amour et du plaisir, notre cœur, à nous autres, est un vrai paralytique : nous restons là comme des eaux dormantes, qui attendent qu'on les remue pour se remuer. Le cœur d'une femme se donne sa secousse à lui-même ; il part sur un mot qu'on dit, sur un mot qu'on ne dit pas, sur une contenance. Elle a beau vous avoir dit qu'elle aime ; le répète-t-elle ? vous l'apprenez toujours, vous ne le saviez pas encore : ici par une impatience, par une froideur, par une imprudence, par une distraction, en baissant les yeux, en les relevant, en sortant de sa place, en y restant ; enfin c'est de la jalousie, du calme, de l'inquiétude, de la joie, du babil, et du silence de toutes couleurs ; et le moyen de ne pas s'enivrer du plaisir que cela donne ? le moyen de se voir adorer sans que la tête vous tourne ? » (*La Surprise de l'amour*, I, 2).

C'est encore cette parade amoureuse que décrit Arlequin évoquant avec attendrissement les débuts de son amour avec sa chère Silvia : « Les premiers jours, il fallait voir comme elle se reculait d'auprès de moi ; et puis elle reculait plus doucement ; puis, petit à petit, elle ne reculait plus ; ensuite elle me regardait en cachette ; et puis elle avait honte quand je l'avais vue faire, et puis moi j'avais un plaisir de roi à voir sa honte ; ensuite j'attrapais sa main, qu'elle me laissait prendre ; et puis elle était encore toute confuse ; et puis je lui parlais ; ensuite elle ne me répondait rien, mais n'en pensait pas moins ; ensuite elle me donnait des regards pour des paroles, et puis des paroles qu'elle laissait aller sans y songer, parce que son cœur allait plus vite qu'elle ; enfin, c'était un charme ; aussi j'étais comme un fou » (*La Double Inconstance*, I, 6).

Comme toutes ces femmes – comme toutes les femmes –, Araminte doit « laisser parler » son désir pour trouver « sa vérité », entreprise difficile dans une société extrêmement codifiée où, précisément, « le désir ne peut pas se verbaliser » : « Entre le corps et le discours, le voir et le dire s'établit un jeu de tensions, mais aussi d'échanges que l'action s'efforce d'instaurer. D'une part, le dire est ressenti comme mensonge et fausse confidence (pour les comploteurs et les contemplateurs masculins) et comme armure et protection pour les assiégées féminines ; d'autre part, le désir ne peut pas se verbaliser, il se réalise dans la contemplation [...]. Le désir est contemplatif ; en se disant et en se répétant, il devient social [...]. La communication du désir se fait toujours par le discours, et dans le cas de Dorante, par le discours indirect de la fausse confidence » (P. Pavis, *Marivaux à l'épreuve de la scène, op. cit.*).

C'est donc une forme de victoire de l'amour-désir, pudiquement mué (voilé ?) en amour-tendresse, que Marivaux impose par son heureux dénouement : « Après tout, puisque vous m'aimez véritablement, ce que vous avez fait pour gagner mon cœur n'est point blâmable ; il est permis à un amant de chercher les moyens de plaire, et on doit lui pardonner, lorsqu'il a réussi », conclut Araminte (III, 12) en forme de double justification (la sienne et celle de Dorante). C'est aussi une façon implicite de dénoncer l'hypocrisie des conventions sociales et ce devoir de « vertu » qui impose aux femmes de taire leur désir pour mieux attiser celui des hommes, comme l'a déjà fait de manière explicite le « raisonnable » Blectrue : « Que deviendra l'amour, si c'est le sexe le moins fort que vous chargez du soin d'en surmonter les fougues ? Quoi ! vous mettrez la séduction du côté des hommes, et la nécessité de la vaincre du côté des femmes ! Et si elles y succombent, qu'avez-vous à leur dire ? C'est vous en ce cas qu'il faut déshonorer et non pas elles. Quelles étranges lois que les vôtres en fait d'amour ! Allez, mes enfants, ce n'est pas la raison, c'est le vice qui les a faites ; il a bien entendu ses intérêts. Dans un pays où l'on a réglé que les femmes résisteraient aux hommes, on a voulu que la vertu n'y servît qu'à ragoûter les passions, et non pas à les soumettre » (*L'Île de la raison*, 1727, II, 3).

Le « double registre »

Pour le spectateur « voyeur », tout le plaisir du spectacle repose sur le procédé du « double registre » tel que le définit Jean Rousset (« Marivaux ou la structure du double registre », *op. cit.*) : d'un côté « la cécité des cœurs épris sans le savoir » ou sans le vouloir, de l'autre « la clairvoyance démasquante et traductrice des personnages spectateurs et leur vision anticipatrice », cette fonction étant dévolue aux personnages qui gravitent autour des couples amoureux, le plus souvent des serviteurs qui aident les protagonistes à se (re)connaître.

« Ce qui était jusqu'à présent la fonction de l'auteur spectateur ou du narrateur témoin va être transféré à certains personnages ou groupes de personnages, jetés eux aussi sur la scène et dans l'action, mais évoluant en marge des personnages centraux [...] C'est aux personnages latéraux que sera réservée la faculté de "voir", de regarder les héros vivre la vie confuse de leur cœur. Ils ausculteront et commenteront leurs gestes et leurs paroles, ils interviendront pour hâter ou retarder leur marche, faire le point d'une situation toujours incertaine, interpréter des propos équivoques.

Ce sont les personnages témoins, successeurs de l'auteur-narrateur des romans et délégués indirects du dramaturge dans la pièce. De l'auteur, ils détiennent quelques-uns des pouvoirs : l'intelligence des mobiles secrets, la double vue anticipatrice, l'aptitude à promouvoir l'action et à régir la mise en scène des stratagèmes et comédies insérés dans la comédie » (J. Rousset, *op. cit.*).

→ Voir, ci-dessus, « Le pacte de lecture » ainsi que « Dubois le machinateur » dans « Les thèmes clés » et « L'œil du maître : observateurs et *machinateurs* » dans les « Lectures croisées ».

Dubois, le « machinateur »

Dubois, le plus important avec Arlequin parmi les valets de Marivaux, porte un nom bien français. « Il s'appelle Dubois : un nom d'autant plus étonnant pour un valet qu'il fut celui d'un Premier ministre » (voir, dans le dossier, « Marivaux témoin de son siècle », p. 193). « Le vrai Dubois, l'archevêque de Cambrai devenu cardinal, l'homme le plus important de France avec le Régent, est mort en 1723. Mais sa réputation demeure, colportée par des chansons et des satires, et il n'est pas invraisemblable que Marivaux, en donnant quatorze ans plus tard son nom à son valet, ait voulu en quelque sorte placer celui-ci sous le patronage d'un ministre célèbre et tout-puissant qui avait l'âme basse d'un valet. « Un vrai Scapin ce Dubois, selon Michelet, un intrigant qui toute sa vie avait été un entremetteur [...] un drôle habile et retors parti de rien, mais qui avait du flair, de la ruse, un pénétrant instinct [...] un sens net et vif du réel, une vue très lucide de la situation, nulle fausse poésie, nulle illusion. De plus une résolution déterminée et obstinée pour aller droit au but, y faire aller les autres » (*Histoire de France, La Régence,* 1884). « N'est-ce pas aussi le portrait du héros des *Fausses Confidences* ? » (Yves Moraud, *La Conquête de la liberté de Scapin à Figaro*, PUF, 1981).

Dubois, une figure *classique* et *composite* (« un valet de type composite », Georges Descotes, *Les grands rôles du théâtre de Marivaux,* PUF, 1972) :

– **Classique** : le valet habile « meneur d'intrigue » (« machinateur », au sens étymologique ; voir « Le valet-machiniste », p. 225), dans la lignée traditionnelle du serviteur adjuvant indispensable du maître amoureux (voir *Les Fourberies de Scapin*, même collection, n° 6169). Pour rétablir la fortune de son ancien patron, Dubois se fait l'artisan de la conquête de la riche veuve : « Je connais l'humeur de ma maîtresse, je sais votre mérite, je sais mes talents, je vous conduis » (I, 2). « Héritière immédiate de Molière, formée au jeu italien comme aux parades de la foire, la comédie commence à s'illustrer dans le siècle avec des pièces en apparence calquées sur les schémas les plus traditionnels : un couple de jeunes amoureux, un père avare et buté qui s'oppose à leur union ; le jeune homme implore l'aide de son serviteur qui finira par obtenir l'assentiment – et l'argent ! – paternel non sans avoir profité de la situation pour exercer sa verve et jouer du bâton. Fonction capitale que celle du rusé "médiateur" pour détourner, sinon dénouer, le conflit : sans lui, pas d'espoir d'une heureuse issue dans l'impasse familiale. Dans la comédie antique, cette fonction était dévolue à un esclave inventif ou à un parasite entré au service d'un maître pour subsister. Dans le théâtre du XVIIe siècle, c'est devenu le rôle obligé du valet comique » (A. Collognat, préface de *Maîtres et valets dans la comédie du XVIIIe siècle*[1] ; on pourra se reporter aux dossiers « L'héritage de l'Antiquité » et « Le théâtre de Molière »).

1. Dans la collection Pocket Classiques, n° 6223.

– **Composite** : « Il y a du Valmont et du Pygmalion dans cette tête calculatrice et déterminée qui plie les êtres à sa volonté : Dorante, Araminte lui appartiennent, il les mène exactement là où il entend les conduire » (Y. Moraud, *op. cit.*).

Il agit en stratège conquérant – « Allons faire jouer toutes nos batteries » (I, 17) – qui déploie une faconde digne du Scapin de Molière (une volubilité qui sera aussi celle du Figaro de Beaumarchais) pour mener le siège d'Araminte ; il utilise les « comparses » comme autant de pièces d'un jeu d'échecs dont il lui faut conquérir « la reine » :

– le Comte, prétendant d'Araminte : à éliminer ;

– Marton, amoureuse de Dorante : attiser son attirance afin d'éveiller la jalousie d'Araminte (voir la scène du « malentendu » autour du portrait, II, 9).

Quand Araminte, excédée, le rabroue, au lieu de s'avouer vaincu, Dubois jubile comme un dramaturge qui tire le « nœud » paroxystique de son intrigue : « Voici l'affaire dans sa crise » (II, 16). Alors que « Dorante croit tout perdu, lui se frotte les mains, il voit plus profond et plus loin que ces cœurs en émoi que leur émotion empêche de rien voir ; il est si sûr de son affaire, il pénètre si bien les ressorts des passions en cours qu'il peut se permettre les gaffes volontaires, les stratagèmes hasardeux, tous les coups portent juste » (J. Rousset, *op. cit.*).

« Dubois force Araminte à s'imaginer aimée ; Dorante lui a pour cela délégué les pouvoirs et Dubois y trouve probablement sa part de plaisir. Dans cette déclaration d'amour par personne interposée, Dubois supplée son maître, en assumant les déclarations d'amour » (P. Pavis, *Marivaux à l'épreuve de la scène, op. cit.*).

Mais, s'il conduit effectivement l'entreprise avec une efficacité machiavélienne, Dubois n'en est pas pour autant machiavélique, au sens péjoratif du terme : contrairement aux valets intrigants cyniques de Lesage et de Regnard, il ne cherche pas à duper son premier maître à qui le lie une vieille affection (« Tenez, en un mot, je suis content de vous ; vous êtes un excellent homme, un homme que j'aime », I, 1), même si l'on peut imaginer qu'il saura bien tirer un intéressant profit personnel du mariage de Dorante, comme le laissent entendre les protestations de gratitude de celui-ci (« Tu m'as servi, je n'ai pu te garder, je n'ai pu même te bien récompenser de ton zèle ; malgré cela, il t'est venu dans l'esprit de faire ma fortune : en vérité, il n'est point de reconnaissance que je ne te doive », I, 1).

« En dehors du cas limite que représente le cynique Frontin de Lesage dans *Turcaret* (1709), le valet "de papier" au XVIIIe siècle est attaché à son maître par cet indéfectible lien qui le rend à la fois si insolent et si sympathique dans ses certitudes, comme les énonce le Jacques de Diderot : "Attendu qu'il est aussi impossible à Jacques de ne pas connaître son ascendant et sa force sur son maître, qu'à son maître de méconnaître sa faiblesse et de se dépouiller de son indulgence, il faut que Jacques soit *insolent* et que, pour la paix, son maître ne s'en aperçoive pas" (Diderot, *Jacques le fataliste*[1]). C'est la (petite !) revanche d'Arlequin – "Peut-être que je serai un petit brin *insolent*, à cause que je suis le maître : voilà tout !" (Marivaux, *L'Île des esclaves*[2], scène V) –, ce sera celle de Figaro sur Almaviva : "Aux vertus qu'on exige dans un domestique, Votre Excellence connaît-elle beaucoup de maîtres qui fussent dignes d'être valets ?" (Beaumarchais, *Le Barbier de Séville*, I, 2, même collection, n° 6168). Cette complicité non dénuée d'impertinence, c'est encore un autre Arlequin (Marivaux, *Le Prince travesti*, I, 3) qui l'exprime en des mots où l'on peut déjà entendre la voix de Jacques : "J'ai rencontré mon maître comme il sortait d'une bataille ; je lui fis un petit plaisir ; il me dit grand merci. Il disait que son monde avait été tué ; je lui répondis : Tant pis. Il me dit : Tu me plais, veux-tu venir avec moi ? Je lui dis : Tope, je le veux bien" » (A. Collognat, préface *op. cit.*).

En fin de compte, Dubois c'est aussi un « bouc émissaire » commode pour Dorante qui se décharge ainsi de toute la responsabilité de l'intrigue : « Tous les incidents qui sont arrivés partent de l'industrie d'un domestique qui savait mon amour, qui m'en plaint, qui, par le charme de l'espérance, du plaisir de vous voir, m'a, pour ainsi dire, forcé de consentir à son stratagème : il voulait me faire valoir auprès de vous », avoue-t-il complaisamment à Araminte (III, 12).

Araminte, « femme tentée et vaincue »

Araminte est une jeune et riche bourgeoise : « veuve d'un mari qui avait une grande charge dans les finances », elle possède « plus de cinquante mille livres de rente » et « un rang dans

1. Dans la collection Pocket Classiques, n° 6013.
2. Dans la collection Pocket Classiques, n° 6223.

le monde » (I, 2) qui pourraient certainement lui assurer un mariage aristocratique (c'est évidemment le vœu de sa mère et du Comte – voir « Le préjugé vaincu » dans les « Lectures croisées », ci-après). Ce statut privilégié est bien le seul qui donne à la femme son autonomie dans la société d'Ancien Régime : affranchie de l'autorité du père (Madame Argante en est un vestige inopérant) et libérée de la tutelle du mari, la veuve jouit d'une indépendance enviable – surtout si elle est riche de surcroît ! – qui lui permet éventuellement de se remarier à son gré. (Voir « Les trois veuves » dans les « Lectures croisées », ci-après.)

« Femme tentée et femme vaincue, c'est tout un » (*Arlequin poli par l'amour*, Trivelin, scène I) : comme ses « sœurs » de théâtre Silvia ou Angélique, Araminte n'échappe pas à la règle ! « Marton, quel est donc cet homme qui vient de me saluer si gracieusement, et qui passe sur la terrasse ? est-ce à vous qu'il en veut ? – Non, Madame, c'est à vous-même. – Eh bien, qu'on le fasse venir, pourquoi s'en va-t-il ? » (I, 6). Ainsi la beauté de Dorante a réveillé la sensualité d'Araminte, comme celle d'Arlequin, « un beau brun, bien fait », a suscité le désir de la fée qui commente pour son domestique Trivelin : « Est-il rien de plus naturel que d'aimer ce qui est aimable ? » (*Arlequin poli par l'amour*, scène I).

De fait, l'attirance se fonde avant tout sur la « mine » (le mot a été mis à la mode par les précieuses du siècle précédent pour désigner aussi bien le visage – un « joli minois » – que l'allure, la prestance) : « Votre *bonne mine* est un Pérou » (I, 2), certifie Dubois à Dorante avec un jeu de mots (les mines aurifères du Pérou) du type de ceux que ses critiques aimaient tant reprocher à Marivaux (voir, ci-après, « Le marivaudage » dans les « Dossiers et pistes de recherche »). Et Araminte de lui faire écho avec un art gracieux de la litote : « J'aime assez les gens de *bonne mine* » (III, 6) ; comme le dit Jean Goldzink : « Araminte a l'or, Dorante n'en a pas, et conclut qu'il n'a rien, mais son corps vaut de l'or » (« L'Escalier et le déshabillé », *op. cit.*).

Cependant, au moment même où Araminte découvre que le bel inconnu est « le neveu de M. Rémy, celui qu'il (lui) a proposé pour homme d'affaires », elle a conscience du danger qu'il représente pour sa réputation : « Mais, Marton, il a si *bonne mine* pour un intendant, que je me fais quelque scrupule de le prendre ; n'en dira-t-on rien ? » (I, 6). Or, c'est bien la pulsion immédiate du désir que trahit ce *scrupule* : Araminte n'aurait certes pas imaginé risquer d'être la cible des « qu'en-dira-t-on ? », si elle n'avait pas été effleurée par le désir, conscient ou non, de faire de Dorante son amant. « Une jeune fille serait plus timide. Araminte a cédé à l'impulsion qu'éprouve toute femme dont le cœur est libre devant un bel homme, car elle songe au plaisir qu'elle pourrait trouver dans ses bras. Une veuve est renseignée sur l'intensité de cette satisfaction sensuelle, une jeune fille l'imagine, elle n'en a pas l'expérience » (Paul Gazagne, *Marivaux par lui-même*, collection « Écrivains de toujours », Le Seuil, 1964).

Avec la stratégie des « fausses confidences » (voir le titre, ci-dessus), ce qui n'était donc au départ qu'une simple attirance va se transformer rapidement en fantasme amoureux : « La communication confidentielle crée un troisième personnage, fantasmé et imaginaire, sans lequel il n'est point de plaisir ni même de relation au réel. Cette création de l'obscur objet du désir se fait donc dans le discours et par l'imaginaire. Le désir croît et se nourrit ensuite au contact de la réalité, elle bien tangible, de Dorante et de ses mérites, et finit par légitimer socialement le désir d'abord induit par la contemplation et la confidence » (P. Pavis, *Marivaux à l'épreuve de la scène, op. cit.*).

Cependant, l'amour est tout à la fois découverte émerveillée de l'Autre et prise de conscience narcissique, voire égoïste, de Soi : il n'est jamais très loin de l'Amour-propre. Ainsi les effets de la vanité et de la coquetterie conduisent les personnages à se tromper eux-mêmes autant qu'ils trompent les autres : c'est pourquoi Dubois sait qu'Araminte, flattée par l'amour de Dorante, finira par succomber, de même que Flaminia sait bien que « l'éternel féminin » ne manquera pas de conduire Silvia à tomber sous le charme du Prince (« Je connais mon sexe ; il n'a rien de prodigieux que sa coquetterie. Du côté de l'ambition, Silvia n'est point en prise ; mais elle a un cœur, et par conséquent de la vanité ; avec cela je saurai bien la ranger à son devoir de femme », *La Double Inconstance*, I, 2).

Pour esquiver la pulsion du désir, les amoureux « malgré eux » se dupent eux-mêmes (voir « Le langage du désir », ci-dessus) : c'est par « justice » ou par « piété » qu'Araminte, partagée entre sa tendre « inclination » et son amour-propre qui l'empêche d'admettre son penchant pour un domestique, se prétend « obligée » de conserver son cher intendant ! La veuve troublée « ne cesse de se donner des raisons qui sont autant de petits mensonges, mais mensonges de bonne foi où se glisse pourtant une pointe de mauvaise foi ; ce sont les mélanges indiscernables de la simulation et de la sincérité, de la méprise et de la duperie ; c'est toujours, plus ou moins, une comédie que le cœur se joue et nous joue » (J. Rousset, *op. cit.*).

Même si certains ont jugé son comportement peu crédible (« Il ne paraît pas très croyable, en vérité, qu'une personne comme Araminte se laisse aussi facilement monter la tête et chauffer le cœur par un valet au profit de son intendant. Mais il faut au théâtre accepter les invraisemblances », Émile Henriot, *La Poésie de Marivaux*, 1961), il n'en reste pas moins qu'Araminte assumant son désir peut nous paraître aujourd'hui « moderne » par son choix même de « femme libérée ». Entre les héroïnes de Racine (les contemporains de Marivaux aimaient à voir en lui « un Racine en miniature » !) et celles de Laclos (« Pas d'ingénue. Aucune prude. Les femmes chez Marivaux sont les aînées plus loyales, mais à peine moins averties, des femmes de Laclos », Jean Giraudoux, *op. cit.*), elle vit cette expérience douloureuse de l'être partagé entre cœur et raison – celle-là même qui avait arraché à Alceste son fameux aphorisme : « Il est vrai : ma raison me le dit chaque jour ; / Mais la raison n'est pas ce qui règle l'amour » (Molière, *Le Misanthrope*, I, 1).

C'est cet aspect du personnage qu'ont tendance à privilégier les mises en scène contemporaines, comme celle de Jean-Pierre Miquel qui a monté *Les Fausses Confidences* à la Comédie-Française en 1996 (voir p. 247) : « Au centre d'un monde domestique – fait de manipulations, pressions, complots et intrigues en tout genre dans le but de gagner de l'argent et de s'élever socialement –, Araminte accomplit un parcours qui s'apparente fortement à l'itinéraire d'un personnage tragique. Victime d'un environnement médiocre typiquement “dramatique”, totalement “dans le monde”, emprisonnée dans les usages et les contraintes, Araminte va profiter d'une “surprise de l'amour” pour affirmer son autonomie et sa liberté, en tranchant les liens ontologiques avec sa mère et la société, en transgressant les règles : elle changera ainsi d'univers, entrant dans celui du pardon et d'un amour qu'elle espère joyeux, au-delà des rancœurs, vengeances et autres luttes pour des bribes de pouvoir qu'elle estime dérisoires. Ridiculisant avec mépris la petite société qui l'entoure, Araminte réalisera en un temps bref une transformation intérieure, un effort de lucidité et de courage pour se vaincre elle-même pour se hisser au-dessus des contingences ordinaires » (à propos des *Fausses Confidences* dans le *Programme de la Comédie-Française*, octobre 1996).

La puissance de l'argent

« C'est un théâtre où la question de l'argent se pose aussi violemment que dans l'œuvre de Balzac » (Claude Roy, *La Main heureuse*, Gallimard, 1958). De fait, dans *Les Fausses Confidences*, la conquête de l'amour et la conquête de l'argent sont indissociables, ce qui rend le comportement de Dorante d'une indécidable ambiguïté (« Araminte a plus de cinquante mille livres de rente, Dubois » I, 2), comme se sont plus à le commenter critiques et metteurs en scène (voir Jacques Lassalle, « Cet indécidable sourire » dans le numéro d'*Europe* consacré à Marivaux, novembre-décembre 1996).

L'argent reste le moyen le plus rapide et le plus efficace d'améliorer sa condition. La fortune peut en effet ouvrir toutes les portes, y compris celle de la vieille noblesse traditionnelle (voir *Le Préjugé vaincu*, dans les « Lectures croisées »), mais elle reste avant tout l'affaire des classes « possédantes » : les nouvelles puissances de l'argent (voir p. 195) assurent ainsi le triomphe de la bourgeoisie aisée. Pour les valets qui n'ont pas les moyens de s'enrichir « honnêtement » par leur travail, la fortune ne peut être que le fruit de manœuvres frauduleuses (dans *Turcaret* de Lesage, Turcaret lui-même est un ancien laquais enrichi par l'usure, tandis que Frontin et Lisette volent leurs maîtres sans aucun scrupule pour réaliser leur rêve d'ascension sociale) ou d'un habile mariage (voir Jacob, *Le Paysan parvenu*, p. 174).

→ Voir le dossier, « Argent et marivaudage », p. 229 et « Marivaux témoin de son siècle », p. 193.

L'amour contre les préjugés

Au désir de promotion sociale par une alliance « honorable » pour celui/celle qui vise « plus haut » (Dorante) correspond, bien entendu, la menace d'une mésalliance « honteuse » pour celui/celle qui déroge à son rang en acceptant de « s'abaisser » (Araminte). Plusieurs comédies de Marivaux mettent en scène cette situation conflictuelle qui reflète l'évolution économique et morale de son temps, tout en donnant à voir la tension qui s'exerce entre la pulsion du désir amoureux (principe de plaisir :

« ce que j'ai envie de faire ») et le poids contraignant des convenances sociales (principe de réalité : « ce que je dois faire »).

Les amoureux doivent donc résoudre un conflit plus intérieur qu'extérieur pour parvenir à lever l'inhibition qui les empêche de réaliser leur bonheur, ce dont témoigne l'altière Angélique, fille de Marquis éprise d'un roturier : « Dorante est aimable ; mais malheureusement il lui manque de la naissance, et je souhaiterais qu'il en eût ; j'ai même eu besoin quelquefois de me ressouvenir qu'il n'en a point » (*Le Préjugé vaincu*, scène 3).

Ainsi Araminte lutte longtemps pour admettre elle-même son « inclination » pour Dorante ; en revanche, elle expédie sa mère et le Comte auquel elle était promise, stupéfaits de son audace, pour épouser son intendant. Pourtant, on notera que ce n'est pas elle qui prononce le mot, mais sa mère (substitut de l'autorité paternelle traditionnelle dans les comédies classiques) : Mme Argante – « Ah ! ce maudit intendant ! Qu'il soit votre mari tant qu'il vous plaira ; mais il ne sera jamais mon gendre. » Araminte – « Laissons passer sa colère, et finissons » (III, 13).

Reste à remarquer qu'il n'y pas ici « mésalliance » au sens fort du terme : Dorante a bien été embauché comme serviteur, mais son origine bourgeoise et sa « bonne mine » compensent son manque de fortune auprès d'Araminte, elle-même bourgeoise riche.

→ Voir dans les « Lectures croisées », ci-après.

III – POURSUIVRE

• LECTURES CROISÉES

« L'œil du maître » : observateurs et « machinateurs »

On pourra rapprocher la figure du démiurge « machinateur » Dubois d'autres personnages du même type dans le théâtre de Marivaux (voir dans « Le pacte de lecture » et « Les thèmes clés », ci-dessus). À cette occasion, on ne manquera pas de remarquer que cette figure tend, plus ou moins consciemment, sinon à se confondre avec la figure paternelle (voir le cas Orgon dans *Le Jeu de l'amour et du hasard*), du moins à renvoyer à son autorité tutélaire : ainsi pourrait-on interpréter symboliquement la boutade de Dubois qui clôt la pièce (« Ouf ! ma gloire m'accable : je mériterais bien d'appeler cette femme-là ma bru », III, 13).

– Dans *Le Jeu de l'amour et du hasard* (1730) : M. Orgon, le père de Silvia, est au courant du double travestissement des jeunes amoureux ; il sait et il observe, mais il n'intervient pas dans le jeu.

– Dans *L'Épreuve* (1740), Lucidor se fait lui-même meneur de jeu pour conduire sa propre intrigue amoureuse avec Angélique (il déguise Arlequin, met l'amour d'Angélique à « l'épreuve » en lui proposant de faux prétendants).

– Dans *La Dispute* (1744), le Prince, véritable *deus ex machina*, met littéralement en scène le produit d'une véritable manipulation « scientifique » (quatre jeunes gens élevés dans « l'état de nature » depuis le berceau) qui doit déterminer si la première infidélité est imputable à l'homme ou à la femme.

– Dans *La Double Inconstance* (1723), Flaminia guide l'entreprise amoureuse du prince avec une autorité et une habileté très proches de celles de Dubois (voir dans « Le pacte de lecture », ci-dessus).

« Le préjugé vaincu »

« À la scène, la problématique de l'intégration dans “la classe des maîtres” par le mariage trouve de nombreux et larges échos : ainsi en témoignent toutes les variations autour du fameux "préjugé vaincu" (voir dans "Les Thèmes clés", ci-dessus). Par le phénomène bien connu de la *catharsis* chère à Aristote, le public a pu rêver pendant la représentation (est-ce que la bergère épousera le prince ? est-ce que le bourgeois ira jusqu'à s'unir à la soubrette ? l'intendant à sa patronne ?), mais on s'arrête toujours au bord de la transgression : l'honneur est sauf, bonheur et fortune assurés, avec le délice du frisson en prime. Cependant, le jeu des masques a permis de dénoncer une société figée, fondée sur un ordre hiérarchique maintenu par des lois sévères. Rien ne sort changé, mais un "moment de vérité" a remis en cause les conventions, le temps d'une représentation. S'il est proprement "utopique" d'inverser les conditions, il n'est pas interdit de l'imaginer à la scène : "Je veux être un homme de bien ; n'est-ce pas là un beau projet ?", proclame l'Arlequin de *L'Île des esclaves* (scène 10). Et si l'on parle beaucoup d'argent dans le théâtre de Marivaux – autant que d'amour, on a tendance à l'oublier –, c'est pour mieux en dénoncer les dangers de perversion morale tout en reconnaissant sa toute-puissance » (A. Collognat, préface de *Maîtres et valets dans la comédie du XVIIIe siècle*, même collection).

On pourra donc rapprocher le cas Araminte d'autres cas similaires de personnages prêts à transgresser les préjugés sociaux pour épouser des « inférieurs ».

La Double Inconstance[1], 1723

Certes un prince épouse une villageoise, mais cette histoire proprement « féerique » paraît plus relever des conventions traditionnelles du conte de fées (le prince et la bergère) que d'un cas transposable dans la société du temps ; il renvoie au jeu typiquement marivaudien des surprises de l'amour et du travestissement.

> Le Prince – « Oui, Silvia ; je vous ai jusqu'ici caché mon rang, pour essayer de ne devoir votre tendresse qu'à la mienne ; je ne voulais rien perdre du plaisir qu'elle pouvait me faire. »
>
> *La Double Inconstance*, III, 9.

1. Dans la collection Pocket Classiques, n° 6119.

Le Jeu de l'amour et du hasard[1], 1730

Dorante représente l'exemple le plus significatif du conflit intériorisé entre « devoir » (les préjugés) et amour : cruellement éprouvé par Silvia qui veut savoir s'il irait jusqu'à épouser une soubrette, il traverse une crise, la plus violente du théâtre de Marivaux, pour finalement assumer le triomphe de son amour.

> Silvia – « Quoi ! Vous m'épouserez malgré ce que vous êtes, malgré la colère d'un père, malgré votre fortune ?
> Dorante – Mon père me pardonnera dès qu'il vous aura vue ; ma fortune nous suffit à tous deux ; et le mérite vaut bien la naissance : ne disputons point, car je ne changerai jamais. »
> *Le Jeu de l'amour et du hasard*, III, 8.

Il est à remarquer, cependant, que, même si elle est authentiquement ressentie par le personnage, cette crise est une « fausse crise », puisque le jeu des masques fait que Dorante épousera une fille de sa condition et non une servante : même s'il est un instant menacé, l'honneur reste sauf ; tout le monde – public compris – peut quitter la scène soulagé !

L'Épreuve, 1740

Le cas Angélique offre une sorte de pendant au féminin de la situation précédente inversée : le richissime Lucidor, qui a des prétentions aristocratiques (il s'est fait acheter un château), veut éprouver l'amour que lui porte la douce Angélique, fille de la concierge du château, en faisant semblant de lui proposer une union avec un noble « galant » qui est en fait son valet Frontin. Malgré la glorieuse perspective vantée par sa mère d'avoir « un mari tel qu'elle ne pouvait pas l'espérer, ni pour le bien, ni pour le rang, ni pour le mérite » (XV), Angélique refuse cette alliance et s'apprête à accepter un grossier paysan, Maître Blaise.

> Madame Argante – « Ma fille, n'êtes-vous pas bien sensible à l'honneur que vous fait Monsieur, de venir vous épouser, malgré votre peu de fortune et la médiocrité de votre état ? (...) Étourdie, ingrate que vous êtes ! »
> *L'Épreuve*, scène XV.

1. Dans la collection Pocket Classiques, n° 6107.

Mais, comme toujours, tout est bien qui finit bien : Lucidor se dévoile et épouse Angélique ; de fait, l'écart de leur condition est plus une question de richesse que de rang : « Il est vrai qu'Angélique n'est qu'une simple bourgeoise de campagne ; mais originairement elle me vaut bien », a confié Lucidor à son valet (I).

On constate donc que le cas Angélique dans *Le Préjugé vaincu* (1746) est le seul véritable cas de mésalliance au sens strict du terme : une fille de marquis épouse un roturier, rompant ainsi avec le préjugé de caste de sa classe, traditionnellement repliée sur le privilège de la naissance (voir dans « Les thèmes clés », ci-dessus). Cependant, face à l'intransigeante jeune fille vaincue par l'amour, on trouve la figure d'un père « progressiste » qui a déjà compris tout le parti qu'il pourra tirer d'une alliance avec un très riche bourgeois, puisqu'il est même prêt à lui jeter dans les bras sa deuxième fille pour compenser la perte de la première !

En dehors de la féerie de *La Double Inconstance*, les autres cas relèvent d'une différence de fortune et non de rang. Bien entendu, on constatera que ces problèmes d'alliance concernent uniquement la classe des maîtres, des dominants/possédants, nobles et surtout bourgeois, jamais celle des valets, des dominés, condamnés à s'unir entre eux (voir les couples Arlequin/ Lisette, Arlequin/Flaminia).

Les trois veuves

On pourra éclairer la situation des *Fausses Confidences* et le personnage d'Araminte par la lecture de deux autres comédies de Marivaux où des veuves *a priori* hostiles à un remariage apprennent à laisser parler leur cœur :

– Dans *La Surprise de l'amour* (1722), la Comtesse est une jeune veuve altière qui « se divertit à mépriser les hommes » ; elle finira pourtant par succomber au charme de son « homologue » Lélio, qui, déçu par l'infidélité d'une maîtresse, a « fait vœu de fuir les femmes parce qu'elles ne valent rien » (I, 6).

– Dans *La Seconde Surprise de l'amour* (1727), la Marquise est une jeune veuve inconsolable : elle pleure son époux disparu « après deux ans de l'amour le plus tendre » (I, 1) ; elle finira pourtant par se laisser consoler par un autre « inconsolable », le Chevalier.

« La froide Comtesse cède au sensuel Lélio, l'exaltée et ardente Marquise s'éprend du timide et sentimental Chevalier, la raisonnable et normale Araminte épouse un Dorante un peu fol et que la tendresse assagit. Les Veuves des *Surprises de l'amour* ne concevaient pas qu'elles pussent aimer de nouveau, elles se croyaient immunisées, – l'une par le méchant souvenir qu'une malencontreuse expérience conjugale lui avait laissé, l'autre, au contraire, parce qu'elle n'admettait pas la possibilité de voir se renouveler le miracle des éblouissantes semaines qu'elle avait vécues. Araminte n'est point aussi excessive. Avant de rencontrer Dorante, elle songeait à se remarier, mais elle voulait entourer cette union nouvelle des garanties de la raison. Les deux premières veuves redoutaient une déception que la troisième ne craignait point. Or, ce sont là les trois seuls états d'âme possibles pour des femmes ayant fait l'expérience de l'acte conjugal. Pour l'une il avait été un cauchemar, pour la seconde une révélation, pour la troisième une satisfaction raisonnable » (P. Gazagne, *Marivaux par lui-même, op. cit.*).

On pourra prolonger ces portraits de veuves plus ou moins « joyeuses » (ou éplorées) par quelques lectures complémentaires offrant d'autres figures de veuves (dont quelques modèles « antiques ») :

– L'*Énéide* de Virgile (début du Ier siècle), où on lira le « roman » d'amour tragique de la reine Didon qui oublie les serments de fidélité à son défunt mari pour succomber au charme du séduisant Troyen Énée, au point de se suicider lorsqu'il quitte Carthage (chant IV).

– Le *Conte* de La Fontaine « La matrone d'Éphèse » (1682), inspiré d'un célèbre épisode du *Satyricon* de Pétrone (Ier siècle), où l'on voit une veuve modèle se consoler dans les bras d'un beau militaire, au point d'offrir le cadavre de son défunt mari pour remplacer celui d'un voleur crucifié dont le corps a disparu. De La Fontaine, on lira encore la fable intitulée « La jeune veuve » (*Fables*, VI, 21).

– *La Veuve ou le Traître trahi*, comédie de Corneille (1631), où la jeune veuve Clarice entend bien aimer à nouveau : « Être veuve à mon âge, et toujours déplorer / La perte d'un mari que je puis réparer ! Refuser d'un amant ce doux nom de maîtresse ! / N'avoir que des mépris pour les vœux qu'il m'adresse ! / Le voir toujours languir dessous ma dure loi ! / Cette vertu, Nourrice, est trop haute pour moi » (II, 2).

– *Le Misanthrope* de Molière (1668), où Célimène est une jeune veuve séduisante et coquette : soucieuse de préserver sa liberté, à la différence d'Araminte, elle finira par refuser de se remarier avec l'austère Alceste, dont elle est pourtant sincèrement éprise.

Une source des *Fausses Confidences* : *La Dame amoureuse par envie*

À partir de la comédie de Lope de Vega *Le Chien du jardinier* (1618), les Comédiens-Italiens ont tiré le canevas de *La Dame amoureuse par envie* jouée le 6 juillet 1716 à l'Hôtel dc Bourgogne (voir dans « Les objectifs d'écriture », ci-dessus). On le considère aujourd'hui comme une source des *Fausses Confidences*.

« Lélio fut pris dès son enfance par des bohémiens à qui Scapin l'enleva sans en savoir la naissance. Son dernier ravisseur le fit élever à Rome, le mit page chez un prince ; et lorsqu'il fut en état de l'introduire dans le monde, il le conduisit à Naples.

Il le fait entrer en qualité de secrétaire au service de la comtesse Flaminia, dame d'une des plus riches et des plus illustres familles de ce royaume. Il est bientôt sensible aux charmes de Silvia, dame d'honneur, et parente de la comtesse, qui répond assez à ses empressements. Leurs amours ne peuvent être longtemps cachées aux yeux de Flaminia qui, envieuse du bonheur de sa parente, emploie toutes sortes d'artifices pour lui enlever son amant et en faire sa conquête.

L'ambition du jeune homme fait d'abord l'effet qu'elle a souhaité ; il dédaigne Silvia, se flatte d'épouser la comtesse : il en fait la confidence à Scapin son compagnon, qui lui sert de valet, et ordonne un équipage magnifique, et digne du rang qu'il va tenir ; mais il est extraordinairement surpris lorsque la comtesse le consulte sur le dessein qu'elle a d'en épouser un autre. Il retourne au premier objet de son amour, tâche de l'apaiser par ses soumissions, et fait éclater le mépris qu'il a pour Flaminia, dont Silvia est jalouse. La comtesse les surprend dans cet entretien, fait enfermer Silvia dans son appartement, et met de nouveau tout en usage pour regagner le cœur de Lélio, et le fixer. Lui la presse avec fierté de déclarer ses desseins, parce qu'il veut absolument avoir la liberté d'en aimer une des deux. La comtesse, irritée de sa témérité, lui donne un soufflet, dont elle se repent dans le moment, et tâche de l'en consoler par des discours artificieux qui paraissent lui devoir donner lieu d'espérer, et elle se retire. Scapin, instruit par Lélio de ce qui s'est passé, l'assure que ce qui empêche la comtesse de se déclarer ouvertement, c'est l'incertitude de sa naissance ; mais qu'il a appris que le Duc Albert, parent de Flaminia, a perdu un fils au berceau nommé Théodore, que les corsaires lui ont enlevé, et qu'il trouvera moyen de le faire passer pour lui, et le mettra par là dans peu en l'état d'épouser la comtesse. Arlequin et lui vont s'habiller en Turcs et feignent de venir d'Alger ayant appris qu'un esclave nommé Théodore, qu'ils ont pris enfant, et qui s'est enfui, était à la cour de la comtesse, et disent qu'ils veulent l'engager à retourner avec eux. On ajoute foi à leur rapport, mais Lélio, ennemi de toute fourberie, découvre le stratagème à Flaminia. Sa sincérité ne fait qu'augmenter l'amour qu'elle a pour lui, et la détermine à laisser tout le monde dans l'erreur. Le duc arrive cherchant son fils, l'embrasse, et lui dit que celui qu'il a perdu avait sur l'estomac une marque couleur de feu en forme d'épée, et que c'est à ce signe qu'il espère reconnaître son sang. Scapin et Lélio sont étonnés de voir la réalité de ce qu'ils avaient imaginé comme une fable. Lélio montre la preuve de sa naissance : le duc reconnaît son fils, l'embrasse avec tendresse, et raconte de quelle façon il lui avait été ravi par les bohémiens ; et la comtesse l'accepte pour époux avec des transports de joie, qui finissent la pièce. »

La Dame amoureuse par envie,
Recueil général de toutes les pièces représentées
par les comédiens de S.A.R. Monseigneur
le Duc d'Orléans (1733)

L'ascension de Jacob, « le paysan parvenu »

« Le romancier du *Paysan parvenu* a apporté de l'eau au moulin du dramaturge » (B. Dort, voir dans « Les objectifs d'écriture », ci-dessus). Il paraît certain que Jacob comme Dorante ont d'abord eu l'intention de profiter de leur « bonne fortune » (due à leur *bonne mine*) auprès d'une femme « mûrissante » tombée sous leur charme ; mais le projet d'un mariage en bonne et due forme remplace rapidement l'hypothèse d'une liaison : consécration d'un amour sincère par les rites sacrés de l'Église ou sage précaution d'un ambitieux pauvre, mais intéressé devant notaire ? Il faut bien reconnaître que, dans la comédie comme dans le roman (sa publication la précède de deux ans tout au plus), le « coup de cœur » initial mettra un certain temps à s'enjoliver de la charmante tendresse des tourtereaux !

Dans la tradition du roman picaresque initiée par Cervantès (*Don Quichotte*, 1605-1615) et illustrée en France par Charles Sorel (*Histoire comique de Francion*, 1623-1633), Scarron (*Le*

Roman comique, 1651-1657) et Lesage (*Histoire de Gil Blas de Santillane*, 1715-1735), Marivaux compose un roman resté inachevé, *Le Paysan parvenu*, dont les trois premières parties sont publiées en 1735 et les deux suivantes en 1736.

Son héros Jacob raconte de manière autobiographique les étapes de son ascension sociale dans un parcours initiatique qui pourrait offrir un concentré intéressant de nombreux types littéraires alors à la mode. Jeune et beau paysan champenois de dix-huit ans, c'est un joyeux boute-en-train, à l'esprit vif et déluré, dans la tradition du *zanne* de la *commedia dell'arte* – le charme et la rusticité d'Arlequin, la niaiserie en moins. Il vient à Paris pour livrer du vin au seigneur de son village dont la femme l'engage aussitôt. Il comprend alors très vite qu'il plaît aux femmes – comme Arlequin « poli par l'amour » et comme Dorante – et il entreprend alors de gagner « sa place au soleil » grâce à elles : plus amorale qu'immorale, cette ascension est racontée par un esprit foncièrement « honnête », même s'il reste « sans scrupules ». De fait, sa franchise enjouée le rend immédiatement sympathique à son entourage comme à ses lecteurs.

Jacob, qui a franchi la première étape (de paysan, il est devenu domestique), encourt la disgrâce de son maître, car il refuse d'épouser Geneviève, la jolie femme de chambre de Madame, qui lui plaît, mais dont Monsieur paie les faveurs. Jacob n'hésite guère à profiter de cet argent, mais il ne se voit pas en mari complaisant – comme le valet La Verdure dans *Le Chemin de la Fortune*, p. 236). Après la mort du maître, ruée des financiers et ruine de la famille : Jacob se retrouve alors « sur le pavé », riche de sa seule expérience.

Le hasard d'une rencontre sur le Pont-Neuf lui gagne l'intérêt d'une femme « mûre », encore appétissante malgré son âge : il entre ainsi au service de Mlle Habert et de sa sœur, deux vieilles filles bigotes. Poussée par la même passion audacieuse que la veuve Araminte pour son intendant Dorante, Mlle Habert fuit avec son valet qu'elle veut épouser ; les « amoureux » vont s'installer chez Madame Alain, dont la fille Agathe ne manque pas d'aguicher Jacob avec coquetterie.

Devenu M. de La Vallée (le bien nommé !) à l'occasion de son mariage – la nuit de noces et l'éveil des sens de « la prude dévote » sont racontés avec la légèreté amusée d'un « libertin » par le narrateur – Jacob trompe sa femme sans vergogne, tout en lui conservant son amour. Il est plus que jamais « la coqueluche » de dames sur le retour, comme Mme de Fécour, mais aussi de jolies femmes, comme Mme de Ferval qui lui donne des rendez-vous galants. Tout fier de manifester sa réussite en portant l'épée (signe distinctif du « gentilhomme ») que lui a offerte son épouse, M. de La Vallée secourt le comte de Dorsan, neveu du Premier ministre, agressé dans la rue. Reconnaissant, l'aristocrate ne veut plus quitter son sauveur : il lui offre sa protection et se dispose à faire sa fortune.

Le roman s'achève sur une soirée à la Comédie-Française où le Comte amène son nouvel ami voir *Mithridate* de Racine. Une « entrée dans le monde » des Grands qui couronne le parcours exemplaire du petit paysan devenu domestique, puis bourgeois. Une suite apocryphe, parue en 1756 à La Haye, viendra compléter les aventures, surchargées de péripéties « rocambolesques », de ce Julien Sorel/Rastignac avant la lettre.

Avec la même faculté d'adaptation que Marianne (*La Vie de Marianne*, 1731-1741), Jacob se fait spectateur aussi curieux que détaché des mœurs de son temps : en aimable « voyeur » de son entourage, en épicurien nonchalant capable de « cueillir l'instant » sans complexe, il n'a pas de plan de carrière, mais sait profiter des dons de la Fortune, en l'occurrence de ses bonnes fortunes. La question n'est pas de savoir si c'est un « honnête homme » ou un coquin, si Marianne est vertueuse ou coquette, il s'agit plutôt de suivre ces « ingénus libertins » dans leur initiation au monde, de percevoir à travers leur regard la mise en accusation d'une société corrompue – celle que Marivaux philosophe dénonce au nom de la générosité (voir ci-après), tandis que l'auteur de comédies la met en scène « pour rire ».

Dans l'extrait suivant, Jacob, installé chez Mme Alain, joue de tous ses « agréments pour entretenir Mlle Habert dans les alarmes qu'elle en prenait » : une stratégie amoureuse qui ressemble fort à celle que Dorante poursuit avec Araminte, jalouse de l'intérêt que lui porte Marton. « On est bien aise d'avoir, comme on dit, plus d'une corde à son arc » : belle leçon de séduction que pourrait donc avoir donnée Jacob à Dorante.

« Notre hôtesse donc ne savait quel compliment me faire qui fût digne du plaisir que lui donnait ma compagnie, disait-elle ; elle s'attendrissait ingénument en me regardant, je lui gagnais le cœur et elle le disait bonnement, elle ne s'en cachait pas.

Sa fille, qui avait, comme je l'ai dit, dix-sept ou dix-huit ans, je ne sais plus combien, et dont le cœur était plus discret et plus matois, me regardait du coin de l'œil, et, prenant un extérieur plus dissimulé que modeste, ne témoignait que la moitié du goût qu'elle prenait à ce que je disais.

Mlle Habert, d'une autre part, me paraissait stupéfaite de toute la vivacité que je montrais ; je voyais à sa mine qu'elle m'avait bien cru de l'esprit, mais non pas tant que j'en avais.

Je pris garde en même temps qu'elle augmentait d'estime et de penchant pour moi ; mais que cette augmentation de sentiments n'allait pas sans inquiétude.

Les éloges de ma naïve hôtesse l'intriguaient, les regards fins et dérobés que la jeune fille me lançait de côté ne lui échappaient pas. Quand on aime, on a l'œil à tout, et son âme se partageait entre le souci de me voir si aimé et la satisfaction de me voir si aimable.

Je m'en aperçus à merveille ; et ce talent de lire dans l'esprit des gens et de débrouiller leurs sentiments secrets est un don que j'ai toujours eu et qui m'a quelquefois bien servi.

Je fus charmé d'abord de voir Mlle Habert dans ces dispositions-là ; c'était bon signe pour mes espérances, cela me confirmait son inclination pour moi, et devait hâter ses bons desseins, d'autant plus que les regards de la jeune personne, et les douceurs que me disait la mère, me mettaient comme à l'enchère.

Je redoublai donc d'agréments le plus qu'il me fut possible, pour entretenir Mlle Habert dans les alarmes qu'elle en prenait ; mais comme il fallait qu'elle eût peur du goût qu'on avait pour moi, et non pas de celui qu'elle m'aurait senti pour quelqu'une de ces deux personnes, je me ménageai de façon que je ne devais lui paraître coupable de rien ; elle pouvait juger que je n'avais point d'autre intention que de me divertir et non pas de plaire, et que, si j'étais aimable, je n'en voulais profiter que dans son cœur, et non dans celui d'aucune de ces deux femmes.

Pour preuve de cela j'avais soin de la regarder très souvent avec des yeux qui demandaient son approbation pour tout ce que je disais ; de sorte que j'eus l'art de la rendre contente de moi, de lui laisser ses inquiétudes qui pouvaient m'être utiles, et de continuer de plaire à nos deux hôtesses, à qui je trouvai aussi le secret de persuader qu'elles me plaisaient, afin de les exciter à me plaire à leur tour et de les maintenir dans ce penchant qu'elles marquaient pour moi et dont j'avais besoin de presser Mlle Habert de s'expliquer ; et s'il faut tout dire, peut-être aussi voulais-je voir ce qui arriverait de cette aventure, et tirer parti de tout ; on est bien aise d'avoir, comme on dit, plus d'une corde à son arc. »

Le Paysan parvenu,
deuxième partie.

Ruy Blas, « le ver de terre amoureux d'une étoile »

« Ces belles dames, ces Aramintes, ces sœurs aînées de Mme de Warens, sont encore plus des révoltées que des passionnées et ces Dorantes qui, déguisés en domestiques ou en intendants, aiment et se font aimer, sont déjà, sans le savoir, de la famille de Ruy Blas » (Pierre Trahard, *Les Maîtres de la sensibilité française au XVIII*e *siècle,* 1931).

Un siècle après Marivaux, Victor Hugo reprend dans *Ruy Blas* (1838) la figure du valet qui, déguisé en maître, a gagné l'amour d'une femme inaccessible (la reine d'Espagne). Devenu laquais pour avoir cru en son génie de poète, il représente pour Victor Hugo le peuple opprimé par les Grands. On pourra donc proposer quelques extraits de la pièce en lecture complémentaire (voir ce titre dans la collection Pocket Classiques, n° 6154, et son dossier « Le valet travesti ou les sources littéraires de *Ruy Blas* »).

• **DOSSIERS ET PISTES DE RECHERCHES**

Marivaux et les Italiens

Le théâtre de Marivaux est étroitement lié à l'histoire de la troupe des Comédiens-Italiens : voir le dossier « Les nouveaux Italiens » p. 219.

Comme pour son œuvre théâtrale (voir, ci-après, « Vers la comédie bourgeoise »), la création des *Fausses Confidences* représente un tournant pour la troupe installée à l'Hôtel de Bourgogne : son jeu a changé, mais, surtout, elle a vieilli. Son directeur, Luigi Riccoboni, dit Lélio, est parti en 1729, comme d'autres comédiens, remplacés par de plus jeunes, et la grande Silvia elle-même, qui a à présent trente-sept ans, songe à se retirer : en lui offrant le rôle « sur mesure » de la veuve Araminte, Marivaux a sans doute rendu un discret hommage à sa maturité. Quant à Thomassin, l'extraordinaire Arlequin adoré du public, il est très diminué par la maladie (il mourra deux ans plus tard, en 1739) et ne tient plus qu'un rôle très réduit dans la pièce : après sa mort, Marivaux, qui l'appréciait tout particulièrement, fera complètement disparaître Arlequin de son théâtre.

Le « marivaudage »

« Marivaux a donné la dénomination à un genre, et son nom est devenu synonyme d'une certaine manière : cela seul prouverait à quel point il y a insisté et réussi. *Marivaudage* est dès longtemps un mot de vocabulaire. » (Saintc-Beuve, 1854.)

→ Voir les divers jugements portés sur son théâtre dans le dossier « Marivaux, *un précurseur* face aux critiques », p. 207.

Les termes « marivauder » et « marivaudage » apparaissent dès les années 1750 ; déjà en 1744 Fréron affectait de se demander si « dans vingt ans toute la France » n'allait pas « être Marivaudée », alors qu'en 1760 Diderot s'amusera à écrire à sa chère Sophie Volland : « Je marivaude, Marivaux sans le savoir, et moi le sachant » ! Appliqués pour l'essentiel au domaine du langage tel qu'il est mis en scène par Marivaux (« *marivaudage* : propos, manège de galanterie délicate et recherchée », définition du Petit Robert), verbe et substantif sont considérés comme la marque spécifique de la « nouvelle (ou seconde) préciosité », qui présente avec celle qui l'a précédée, un siècle auparavant, de nombreux traits communs : mélange des tons (du sérieux au badinage, du noble au familier), métaphores filées, jeux de mots et autres procédés rhétoriques nés d'un art de la conversation où les femmes et les Salons exercèrent une influence déterminante.

En brillant homme de lettres, Marmontel (1723-1799), qui a rédigé pour l'*Encyclopédie* les articles de critique littéraire, a ainsi souligné l'importance que la société « policée » de son temps a pu attacher aux « préciosités » du langage ; son témoignage montre combien Marivaux s'inscrit dans cette pratique raffinée d'une « langue sociale » ciselée comme un bijou et comme une arme : « Dans le commerce d'un monde poli jusqu'au raffinement, où il ne s'agit pas d'instruire, d'étonner, d'émouvoir, mais de flatter, de plaire et de séduire ; où la persuasion doit être insinuante, et la raison modeste, la passion retenue et déguisée ; où toutes les rivalités de l'amour-propre s'observent réciproquement, et sont toujours sur le qui-vive ; où les combats d'opinions et d'affections personnelles se passent en légères atteintes et à la pointe de l'esprit ; où l'arme de la raillerie et de la médisance est, comme les flèches des sauvages, souvent trempée dans du poison, mais si subtilement aiguisée que la piqûre en est imperceptible ; dans ce monde, dis-je, le langage usuel doit être rempli de finesses, d'allusions, d'expressions à double face, de tours adroits, de traits délicats et subtils ; et plus il y a de société et de communication entre les esprits, plus la galanterie et le point d'honneur ont rendu la politesse recommandable, et plus aussi la langue sociale doit être maniée et façonnée par l'usage » (*Éléments de littérature*, 1787).

De fait, mieux que quiconque, par éducation et par goût, Marivaux maîtrise cette « prose » brillante qui caractérise le XVIIIe siècle et dont il déploie les subtilités dans son œuvre, mais ses contemporains l'accusent volontiers de « courir après l'esprit », de « n'être point naturel » : on lui reproche ses « néologismes » (par exemple, c'est lui qui a forgé l'expression « tomber amoureux »), dont le très mal intentionné abbé Desfontaines constitue même un « dictionnaire » à seule fin de le ridiculiser ! En réponse à la médiocrité de ces attaques, Marivaux qui a dû aussi se justifier sur le fond de ses pièces (voir le témoignage de d'Alembert dans « les objectifs d'écriture », ci-dessus), a souvent revendiqué le droit à l'originalité, au « naturel de l'auteur » : un écrivain qui « sait sa langue » ne distingue pas style et pensée car celle-ci ne peut être séparée du langage. « Ce n'est pas moi que j'ai voulu copier, c'est la nature, c'est le ton de la conversation en général que j'ai tâché de prendre : ce ton-là a plu extrêmement et plaît encore dans les autres pièces, comme singulier, je crois ; mais mon dessein était qu'il plût comme naturel, et c'est peut-être parce qu'il l'est effectivement qu'on le croit singulier, et que, regardé comme tel, on me reproche d'en user toujours » (Marivaux, Avertissement des *Serments indiscrets*, 1732). « Le secret du marivaudage n'est pas tant le secret d'un style que l'intuition du rôle joué par le langage dans le drame et dans la vie » (Frédéric Deloffre, *Une préciosité nouvelle : Marivaux et le marivaudage*, Les Belles Lettres, 1955, rééd. Slatkine, 1995).

« L'originalité du dialogue de Marivaux réside en grande partie dans la façon dont les répliques s'enchaînent. "C'est sur le mot qu'on réplique, et non sur la chose", disait Marmontel. La formule peut être retenue. Dans cette broderie qu'est le marivaudage, le fil qui passe de main en main est bien un mot que chacun des interlocuteurs reprend à l'autre » (F. Deloffre, *op. cit.*). Une procédure langagière que l'auteur a acquise dans son étroite collaboration avec les Comédiens-Italiens (voir le dossier p. 219) : « Dans le jeu à l'impromptu tel qu'on le pratique dans la *commedia dell'arte*, le dialogue s'enchaîne autour de mots-repères apparaissant à la fin des répliques. En exploitant au maximum ce procédé, le marivaudage innove sur le dialogue de la comédie classique, dans lequel les tirades ou les répliques sont ordinairement juxtaposées ou alignées plutôt qu'enchaînées. Chez Marivaux, [...] chaque reprise de mots signifie différence d'interprétation, chicane, discussion, rebondissement imprévu, progression dramatique enfin. Le langage n'est plus le signe de l'action, il en devient la substance même » (F. Deloffre, introduction au *Théâtre complet* de Marivaux, Classiques Garnier, 1969, Bordas, 1988).

Le langage devient ici indissociable de la posture : qu'il les précède ou qu'il les confirme, il rend perceptibles les progrès (au sens de « marche ») de la sensibilité du cœur et de l'esprit. On trouvera des exemples particulièrement significatifs de cette « démarche » et de ce discours typiquement marivaudiens dans les deux extraits de « parade amoureuse » cités ci-dessus dans « Les thèmes clés » (« La surprise de l'amour et le langage du désir) : qu'elle soit spéculative (Lélio définissant « le cœur d'une femme » dans *La Surprise de l'amour*) ou rétrospective (Arlequin décrivant le souvenir de Silvia dans *La Double Inconstance*), la parole prêtée par Marivaux à ses personnages « épouse » subtilement les méandres amoureux en se mettant elle-même en scène avec tous les artifices d'une simplicité très travaillée. On peut y voir que la prétendue « *métaphysique* du cœur » est avant tout une *physique* (au sens étymologique du grec *phusis*, nature) de l'être emporté par <u>sa</u> *nature*, elle-même inscrite dans les lois universelles de <u>la</u> *nature*, celles de l'attraction des êtres, de la force du désir, de cet *Éros* dont les Anciens connaissaient la puissance redoutable : « Éros, le plus beau parmi les dieux immortels, celui qui rompt les membres et qui, dans la poitrine de tout dieu comme de tout homme, dompte le cœur et les sages pensées » (Hésiode, VIIIe siècle av. J.-C., *Théogonie*, vers 116-120).

« Vers la comédie bourgeoise »

« Dans l'ultime volet d'un théâtre où n'apparaît jamais un couple marié – alors que l'on y finit toujours par une promesse de mariage –, Marivaux nous livre une « comédie héroïque » fortement ancrée dans le réel bourgeois, mais où personne ne s'avance masqué ou travesti. C'est le geste d'Araminte qui constitue la critique des comportements individuels et sociaux, des vanités communes dont elle était aussi la proie. *Les Fausses Confidences* nous apparaissent ainsi comme une tragédie bourgeoise, plus proche de nous que Corneille et Racine, mais rendant exemplaires les mêmes capacités à sortir du vulgaire pour tenter une libération de l'être » (J.-P. Miquel, à propos des *Fausses Confidences, op. cit.*).

« L'œuvre, par le milieu, les personnages et les situations qu'elle met en scène, tend timidement vers la comédie bourgeoise. Marivaux est toujours l'auteur d'*Arlequin* et de la première *Surprise* ; mais il est devenu celui de *Marianne* et du *Paysan parvenu*. On le voit bien quand il dessine Mme Argante, la mère, et M. Rémy, le procureur : il n'est pas de silhouettes mieux campées dans son théâtre, ni mieux nourries de leur milieu social » (Marcel Arland, préface du *Théâtre complet* de Marivaux, Bibliothèque de La Pléiade, Gallimard, 1949).

« Le poids de l'argent, des intérêts matériels à sauvegarder ou à conquérir, se fait de plus en plus impérieux. L'éducation sociale des personnages marivaudiens coïncide maintenant avec la transformation d'une société. Derrière l'épreuve, une nouvelle forme dramaturgique s'esquisse : celle d'un conflit réel (et non plus imaginaire) entre les intérêts et les sentiments. La comédie bourgeoise s'élabore » (B. Dort, « À la recherche de l'amour et de la vérité, Esquisse d'un système marivaudien », in *Théâtre public, 1953-1966,* Le Seuil, 1967).

On pourra donc lire quelques extraits des drames de Diderot pour voir comment, avec le tournant du siècle, la comédie « s'embourgeoise » dans un paternalisme édifiant : par exemple, *Le Père de famille* (1758, joué en 1760), où l'on voit un père de famille veuf porter une affection exclusive à ses deux enfants, Saint-Albin et Cécile. Victime de ses préjugés, il s'oppose au mariage de son fils avec Sophie, une lingère pauvre et sans famille ; lorsque le jeune homme se révolte, il lui répond par sa malédiction. Mais le conflit se résout fort opportunément par une reconnaissance des plus traditionnelles : Sophie retrouve le père qu'elle avait perdu et elle peut enfin épouser Saint-Albin.

La différence des conditions et la philosophie de Marivaux

Marivaux a jeté un regard sans indulgence sur la société de son temps et sur l'homme en général ; cependant, grâce à la force de ce *credo* de la Raison qu'il partage avec les Lumières, il n'a cessé de croire au devoir de bonté pour rendre le monde supportable et à la légèreté de l'humour pour le représenter : « Il est vrai que nous naissons tous méchants, mais cette méchanceté nous ne l'apportons que comme un monstre qu'il faut combattre : nous le connaissons pour monstre dès que nous nous assemblons, nous ne faisons pas plutôt société que nous sommes frappés de la nécessité qu'il y a d'observer un certain ordre qui nous mette à l'abri des effets de nos mauvaises dispositions, et la raison qui nous montre cette nécessité est le correctif de notre iniquité même » (Marivaux, *Le Spectateur français*, 21e feuille).

Ce qu'il est convenu d'appeler « l'esprit » du théâtre de Marivaux ne peut donc se comprendre qu'en le resituant dans l'ensemble de son œuvre : le dramaturge fut aussi « philosophe » engagé dans les débats de son temps (*Le Spectateur français, L'Indigent philosophe, Le Cabinet du philosophe, Lettres sur les habitants de Paris*) et romancier « réaliste » décrivant les mœurs de la société parisienne (*La Vie de Marianne, Le Paysan parvenu*). Pour tous ces textes, un point de convergence explicite ou implicite en forme de constat et de leçon : « réussir sa vie » et son bonheur est un acte éminemment « social » (l'homme n'est pas fait pour vivre en solitaire, à la mode d'un Rousseau), une entreprise difficile qui exige de la lucidité et de l'énergie, mais aussi beaucoup de générosité.

Un humanisme lucide, une sagesse pratique qui s'accommodent d'une vertu relative et s'efforcent de réaliser l'harmonie des exigences du corps, du cœur et de l'esprit pour vivre le moins mal possible – le plus heureusement ? – dans la société d'autrui : « Eh ! n'est-ce pas un défaut que de n'avoir point de faiblesses ? Que ferions-nous d'une personne parfaite ? [...] il faut vivre avec les autres, et avoir du moins moitié raison et moitié folie, pour lier commerce » (Hortense, *Le Prince travesti*, I, 2).

• PARCOURS CRITIQUE

Marivaux et « La distance intérieure »

Dans ses magistrales *Études sur le temps humain*, Georges Poulet livre de précieuses clés de lecture pour entrer dans l'univers marivaudien :

« Aimer, c'est sentir ; et sentir, c'est se sentir, c'est donc s'aimer soi-même.

Cela se trouve agréablement exprimé, en assez méchants vers, dans le *Divertissement* de *L'Amour et la Vérité* :

Heureux, l'amant bien enflammé.
Celui qui n'a jamais aimé
Ne vit pas ou du moins l'ignore ;
Sans le plaisir d'être charmé
D'un aimable objet qu'on adore
S'apercevrait-on d'être né ?

Aperception de soi, connaissance confuse mais connaissance, la pensée s'épanouit donc chez Marivaux à la pointe de toute émotion. Si celle-ci est d'abord un trouble, un étourdissement où disparaît toute connaissance rationnelle, c'est dans le trouble que l'être a la chance de se trouver tel qu'il est vraiment, c'est-à-dire tel qu'il est spontanément. Il y a deux sortes d'esprits, l'un qui « n'apprend rien qu'à discourir[1] » et qui « ne sait rien qu'avec le temps[2] ». Il ne nous sert de rien pour nous connaître, parce que nous sommes des êtres instantanés, que ne saurait jamais rattraper une pensée discursive et par conséquent temporelle. Mais à cette connaissance gauche et lente, qui est la connaissance intellectuelle, s'en oppose une autre, agile et prompte, qui est plutôt d'ailleurs un *sentir* qu'un *connaître* :

– Je ne savais pas la différence qu'il y a entre *connaître* et *sentir*.
– *Sentir*, Madame, c'est le style du cœur[3]...

Or, le style du cœur, c'est encore une fois l'instantanéité absolue :

> ... Il y a des instants où la passion fournit à l'homme des vues subites, auxquelles il est impossible qu'il résiste, fussent-elles étourdies, et qui doivent l'emporter sur tout ce qu'il avait auparavant résolu de faire, et qu'il avait cru le plus sage... ; et peut-être n'a-t-on jamais le sens ni plus droit, ni plus vif que dans ces moments-là[4]

Pour Marivaux donc, comme pour Pascal, la vraie connaissance est une connaissance du cœur :

1. *Vie de Marianne.*
2. *Id.*
3. *La Fausse suivante*, acte II, scène 2.
4. *Le Spectateur français*, 20e feuille.

> Je pense, pour moi, qu'il n'y a que le sentiment qui nous puisse donner des nouvelles un peu sûres de nous[1]...
> ... Et qu'est-ce que ce sentiment ? c'est un instinct qui nous conduit et qui nous fait agir sans réflexion, en nous présentant quelque chose qui nous touche[2]...

L'esprit ne se superpose donc pas au cœur. Il n'est point quelque chose qui s'introduirait dans la réalité des passions pour en tirer, par on ne sait quelle opération, la vérité, substance nouvelle. Il n'y a pas, à rigoureusement parler, de connaissance rationnelle de l'être. Du moins pour les êtres que nous sommes. Il n'y a qu'une expérience immédiate où l'on se sent tel qu'on sent :

> – On ne met rien dans son cœur ; on y prend ce qu'on y trouve[3].

Être actuel, le personnage marivaudien se saisit pour ainsi dire au vol et par hasard. Il se saisit par le même mouvement qui le fait vivre. Et si, comme le prétend Marivaux, « il n'y a que le sentiment qui nous puisse donner des nouvelles un peu sûres de nous », c'est parce que nous sommes sentiment, et que de l'être au connaître il n'y a aucune différence quand il s'agit d'un être qui n'est que ses passions, et d'une pensée qui se confond avec les mouvements du cœur. Par suite, cette pensée instinctive, immédiate et fortuite complète triomphalement l'actualité de l'être marivaudien. La pensée prolonge mon être et mon sentir. Elle les accompagne dans leur essor instantané. Jamais elle ne s'en détache :

> Je me reprocherais d'écarter la situation d'esprit où je me trouve ; je me livre aux sentiments qu'elle me donne[4]... »

G. Poulet, *Études sur le temps humain*,
volume 2, « La distance intérieure »,
Marivaux (section VI), éditions Plon, 1952,
réédition Pocket Agora, 1989.

1. *Vie de Marianne.*
2. *Le Spectateur français*, 24ᵉ feuille.
3. *Le Dénouement imprévu*, scène IV.
4. *Le Spectateur français*, 4ᵉ feuille.

DOSSIER HISTORIQUE ET LITTÉRAIRE

I - VIE DE MARIVAUX

1688 4 février. Naissance de Pierre Carlet de Chamblain, le futur Marivaux, à Paris. Son père, Nicolas Carlet, officier de marine, sera trésorier des vivres de l'armée en Allemagne de 1688 à 1697, avant de devenir contrôleur de la Monnaie de Riom, en Auvergne. À sa mort, en 1719, son fils essaiera vainement de lui succéder dans sa charge. Sa mère, Marie Anne Bullet, est issue d'une famille d'architectes.

1697 Louis XIV expulse de France les Comédiens-Italiens, accusés d'avoir brocardé Mme de Maintenon dans *La Fausse Prude*.

1699 Marivaux est élève au collège des Oratoriens à Riom.

1710 Inscription à la faculté de droit de Paris.

1712 Impression de sa première pièce, *Le Père prudent et équitable*. Approbation par la censure de son roman parodique *Pharsamon ou Les Nouvelles Folies romanesques* et publication de son premier roman *Les Aventures de *** ou Les Effets surprenants de la sympathie*.

1715 Mort de Louis XIV. Début de la régence du duc d'Orléans, son neveu.

1716 Publication de l'*Homère travesti* (encore de la parodie ; deux ans auparavant il avait écrit un *Télémaque travesti*, qui ne sera publié qu'en 1736). Il prend le nom de plume de Marivaux, tiré sans doute d'un nom de rue parisienne. Retour à Paris des Comédiens-Italiens, dont le directeur est Luigi Riccoboni (Lélio), mari de l'actrice Elena Balletti. Même si Marivaux n'écrit plus pour eux après 1740, son théâtre n'est compréhensible qu'en liaison avec le jeu des Comédiens-Italiens, infiniment plus moderne, « théâtral » que celui de la Comédie-Française.

1717 Mariage avec Colombe Bologne. Une fille leur naîtra en 1719.

1718 Les Comédiens-Italiens jouent leur première pièce en français.

1720 Le 17 octobre, ils jouent *Arlequin poli par l'Amour*. Succès. Ce n'est pas le cas pour sa tragédie *Annibal*, créée par la Comédie-Française. Comme des milliers de Français, il est ruiné par la banqueroute du système de Law. Il devra travailler pour vivre (cf. son Dorante).

1721 Il reprend ses études et est reçu licencié en droit. Il fonde un journal, *Le Spectateur français*. Depuis 1717 il écrivait des articles pour *Le Nouveau Mercure*. Il continuera toute sa vie son activité de journaliste. *Lettres persanes* de Montesquieu.

1722 Mort du Régent. Sacre de Louis XV. Succès de *La Surprise de l'Amour*. Rencontre de Silvia qui sera son actrice fétiche.

1723 Grand succès de *La Double Inconstance*, toujours jouée par les Italiens, qui deviennent Comédiens du Roi.

1724 Ils se font à nouveau applaudir dans *Le Prince travesti* et *La Fausse Suivante*, mais *Le Dénouement imprévu* échoue à la Comédie-Française.

1725 *L'Île des esclaves*, sa première comédie sociale, remporte un grand succès.

1726 Marivaux commence à fréquenter le salon de Mme de Tencin.

1727 Il crée un nouveau journal, *L'Indigent philosophe*.

1729 Échec de *La Nouvelle Colonie*.

1730 Les Comédiens-Italiens jouent *Le Jeu de l'Amour et du Hasard*. Un succès réel, mais la plupart des spectateurs ne comprennent pas la nécessité du troisième acte.

1731 *Les Serments indiscrets* à la Comédie-Française.
Parution de la première partie de son premier grand roman, *La Vie de Marianne*.

1734 Nouveau journal de Marivaux : *Le Cabinet du philosophe*.
Parution de la 2e partie de *La Vie de Marianne* et des quatre premières parties du *Paysan parvenu. Lettres philosophiques de Voltaire*.

1736 Premières traductions en anglais de *La Vie de Marianne* et du *Paysan parvenu*.

1737 Création par les Italiens des *Fausses Confidences*, avec un succès médiocre.

1738 Reprise des *Fausses Confidences* à la Comédie-Française, cette fois avec succès.

1740 *L'Épreuve* créée par les Italiens. C'est la dernière pièce que Marivaux a écrite pour eux. Elle remporte un grand succès.

1742 9e, 10e et 11e parties de *La Vie de Marianne* qui restera inachevée (comme *Le Paysan parvenu*). Élection à l'Académie française.

1744 Échec de *La Dispute*. Marivaux (sa femme est morte vers 1723) s'installe chez Angélique de Saint-Jean, avec qui il vivra jusqu'à sa mort.

1746 *Le Préjugé vaincu*. Prise de voile de sa fille. On commence à traduire son théâtre en Allemagne.

1749 Début de la publication de *L'Encyclopédie*. *Lettre sur les aveugles* de Diderot.

1757 Publication des *Acteurs de bonne foi*.

1762 Fusion des Comédiens-Italiens avec l'Opéra-Comique. *L'Émile* et *Le Contrat social* de Rousseau.

1763 Mort de Marivaux.

II - MARIVAUX TÉMOIN DE SON SIÈCLE : UNE SOCIÉTÉ EN PLEINE MUTATION

Entre tradition littéraire (permanence des stéréotypes) et transposition plus ou moins explicite d'une « idéologie » contemporaine (influence du système des idées, valeurs et courants de pensée répandus à une période historique donnée), les auteurs renvoient dans leurs œuvres l'image de la société dans laquelle ils vivent. Pour Marivaux, dont la manière de penser et la sensibilité esthétique se sont épanouies avec la Régence, la comédie se fait aussi le théâtre/miroir d'une société française en pleine mutation, ce dont témoignent particulièrement *Les Fausses Confidences*.

« Trop brillant XVIIIe siècle ! À qui feuillette le livre de ses exploits, soirées fastueuses de Versailles, grandes réceptions chez Mme du Deffand, séances solennelles des académies de Berlin, de Dijon, de Montpellier, il donne l'impression d'un monde qui se hâte. [...] Le temps passe trop vite à ces jeux de l'esprit, à ces jeux où tout un monde est à la question ; "après moi, le déluge" aurait dit le bien-aimé Louis XV. [...] Le plus vrai du mot est justement que chacun sent le déluge » (G. Duby et R. Mandrou, *Histoire de la civilisation française*, tome II, A. Colin, 1984, rééd. Le Livre de Poche, coll. Références, 1993).

Un siècle qui s'ouvre dans la fête retrouvée et se clôt sur une révolution.

LA RÉGENCE : « TOUT UN SIÈCLE EN HUIT ANNÉES » (Michelet, *Histoire de France*)

Grâce à l'action énergique de Philippe d'Orléans, neveu de Louis XIV, qui exerce la régence entre 1715 et 1723, et de son ministre Dubois (voir l'interprétation du choix de ce nom pour le valet des *Fausses Confidences,* p. 159), le régime monarchique tend à rompre avec la pesante politique absolutiste de Louis XIV. En réaction immédiate à toutes les pruderies imposées pendant la fin de son règne, la licence effrontément « libertine » des « roués » familiers du Régent, installé au Palais-Royal à Paris, balaie l'austérité affichée des courtisans de Versailles, jusque-là soumis à la vigilante et dévote censure de Mme de Maintenon (épouse morganatique de Louis XIV).

C'est le temps du luxe des « fêtes galantes », du cynisme et de l'incrédulité, de la quête de jouissance sous toutes ses formes, mais aussi d'un élan de libération que le pouvoir ne pourra plus arrêter : « Le meilleur signe de ces libertés nouvelles est sans doute la publication en 1721, par un parlementaire bordelais à la plume alerte, de ce livre léger, risqué, où le portrait de la France est une charge ironique qui n'épargne rien : ce Persan né malin ne se permet-il pas le plus grand crime en dénigrant la protection religieuse dont la monarchie française est assurée depuis des siècles ? [...] Le ton est donné : ce siècle de libres paroles ne respecte rien » (*Histoire de la civilisation française, op. cit.*). De fait, les *Lettres persanes* n'ont pas fini d'alimenter la verve corrosive des intellectuels : Delisle de la Drevetière (*Arlequin sauvage*, 1721) et Marivaux (*L'Île des esclaves*, 1725) y puisent aussitôt.

Cependant, les privilégiés du système social, qu'ils soient nobles ou riches bourgeois, n'éprouvent guère de honte à vivre dans le luxe et les plaisirs, tandis que les « manants » s'acharnent au travail : la vie mondaine française n'a jamais été aussi brillante et seuls demeurent perdus au fond de leur campagne, au milieu des paysans incultes, les petits hoberaux ruinés qui n'ont plus assez de biens pour tirer parti de la grande prospérité du moment.

« La Régence n'est pas seulement un temps de fête galante pour se remettre d'une fin de règne confite dans la bigoterie. Le libertinage qui donne son style au Régent et à la Cour participe d'une large remise en cause des certitudes. Il n'est pas jusqu'à l'autorité des Anciens qui ne soit ébranlée : les Modernes (Marivaux prendra leur défense) refusent d'admirer par principe les œuvres léguées par l'Antiquité, ils parient sur la créativité des langues vivantes, ils libèrent de leurs modèles la littérature et les arts. Du politique au religieux, de l'économie à l'esthétique, la vieille hiérarchie des valeurs se défait, dans l'euphorie ou l'inquiétude » (M. Delon, « Les lumières entre l'euphorie et l'angoisse », article du *Magazine littéraire*, juillet-août 1993).

LA PUISSANCE DE L'ARGENT

Le bouleversement économique et social est aussi grand que celui des mœurs. Après les ravages des guerres incessantes, une relative stabilité dans l'équilibre politique européen assure la tranquillité dans les campagnes et un essor spectaculaire des affaires, qui favorisent une poussée démographique importante. À partir de 1730, il est manifeste que l'ensemble de la France profite d'un accroissement en hommes et en biens : fondamentalement rurale (85 % de la population vit à la campagne), elle est le pays le plus peuplé de l'Europe occidentale. La prospérité des villes fait naître un urbanisme remarquable : précieux hôtels particuliers parisiens (le faubourg Saint-Germain, par exemple), mais aussi essor des villes provinciales (ainsi Riom où Marivaux fit ses études) et des ports (Bordeaux, Nantes) enrichis par le commerce colonial, dont le commerce « triangulaire » de la traite des esclaves africains vendus aux Amériques.

Le pouvoir grandissant de l'argent s'est déjà manifesté dans l'institution de la Compagnie des fermiers généraux, quarante financiers chargés au siècle précédent par Colbert de l'ensemble des droits de perception pour le Trésor royal, moyennant de substantiels bénéfices personnels. La littérature en a vite tiré le type caricatural du financier cupide : ainsi, en 1709, éclate l'affaire « Turcaret ». La comédie de Lesage fait scandale au Théâtre-Français : les « traitants » (le terme désigne les fermiers généraux receveurs des finances), se sentant ridiculisés dans le personnage odieux de Turcaret, essaient de s'opposer à sa représentation, mais le duc d'Orléans (futur Régent) ordonne aux comédiens de jouer. Il est vrai que la satire des mœurs dissimule à peine, volontairement ou non de la part de son auteur, une campagne politique délibérée, inspirée par le régime pour détourner la colère du peuple sur des « boucs émissaires » : les caisses royales vidées par les guerres, l'extrême rigueur de l'hiver 1708-1709 et la famine qui s'ensuivit étaient sans doute des fléaux bien pires que les financiers !

Cependant, la noirceur satirique de Lesage ébauche avec une verve brillante les prémisses d'un cynisme subversif : face aux riches parvenus, l'appétit de fortune campe une nouvelle espèce, celle des serviteurs fourbes prêts à toutes les ruses pour s'enrichir à leur tour. Ce que le Crispin de Regnard (*Le Légataire universel*, 1708), hérité du Scapin de Molière, avait encore de ludique et de sympathique disparaît avec l'efficacité calculatrice des escrocs Frontin et Lisette de *Turcaret*. Pour réussir sans vergogne, l'une est prête à épouser « le premier riche faquin » qui se présentera (*Turcaret*, III, 11), l'autre à voler son maître en gardant pour lui l'argent qu'il a soutiré au financier. Reprenant à sa façon le programme affiché par le Scapin de Regnard – « Je prétends, à l'avenir, travailler pour mon compte ; ceci fini, je veux devenir maître à mon tour » (*La Sérénade*, 1694), Frontin l'effronté triomphe avec la plus grande insolence en jetant au public les derniers mots de la pièce : « Voilà le règne de M. Turcaret fini ; le mien va commencer » (*Turcaret*, V, 14).

Dans cette époque soucieuse de plaisirs et de profits, le pouvoir de la finance et de la spéculation trouve son expression la plus significative avec le fameux épisode du système de Law (1716-1720). La faillite du banquier écossais ruine rentiers, propriétaires de capitaux, bourgeois qui ont emprunté ou vendu terres et maisons pour participer à la fortune promise du Mississippi – ainsi Marivaux partiellement ruiné par la banqueroute (voir l'allusion dans *Le Chemin de la Fortune*, p. 238) –, tandis qu'elle enrichit considérablement les plus habiles, nobles ou laquais bien placés pour connaître les nouvelles et pratiquer l'agiotage qui a sévi pendant plus de deux ans. « Une fois l'émeute apaisée, les affaires du banquier écossais réfugié en Italie liquidées, Paris s'est trouvé "enrichi", à l'étonnement des uns et à l'indignation de beaucoup, comptant quelques centaines peut-être de nouveaux riches, promptement installés dans de beaux hôtels, menant grand train à leur tour, amateurs, comme seuls les parvenus savent l'être, de toutes les nouveautés du temps » (*Histoire de la civilisation française, op. cit.*).

Le phénomène (commerce de l'argent par l'intermédiaire des banques, spéculation effrénée) apparaît comme une sorte de mirage tout à fait révélateur d'un nouvel état d'esprit : l'instabilité des fortunes condamne les anciennes valeurs aristocratiques et introduit l'espoir d'un monde nouveau où toutes les hardiesses sont permises. Désormais la « condition » (rang social, place dans la société, classe au sens moderne) se mesure à l'avoir (la richesse) plus qu'à l'être (la naissance) : alors que les institutions restent encore très figées, un nouvel « homme de condition » prend conscience d'une nouvelle puissance de classe. Cependant, dans la deuxième moitié du siècle, l'activité économique entre en régression : la grave crise financière provoquée par les conséquences de la banqueroute est aggravée par les dépenses qu'occasionne l'entretien des troupes engagées aux côtés des « Insurgents » dans la guerre d'Indépendance américaine (1776-1778). Les réformes du directeur général des Finances Necker, deux fois renvoyé puis rappelé par Louis XVI, finissent par un échec politique que la convocation des États généraux ne pourra enrayer : la Révolution est désormais inévitable ; elle consacrera le triomphe du Tiers État.

« LE TEMPS DES PHILOSOPHES »

« Le temps des philosophes a été assurément une période de grande prospérité, dont les richesses ont irrigué la vie française tout entière, comparable au long XVIe siècle, jusque dans ses appétits de luxe, de renouvellement ; mais la réussite du XVIIIe siècle apparaît plus globale, touchant l'ensemble de la société, et non pas seulement les villes ; et l'écho des impatiences renaissantes s'est multiplié et modifié : à l'humanisme épris des seules leçons de l'Antiquité, amour violent et exclusif du XVIe siècle, répond déjà un nouvel humanisme tourné vers l'action, soucieux d'agir et non pas seulement de connaître » (*Histoire de la civilisation française, op. cit.*).

Il ne faut pas oublier, cependant, qu'une très large partie de la population reste complètement illettrée, sinon analphabète et que le français est loin de s'être imposé sur tout le territoire : « La langue française n'est en usage que dans les principales villes sur les routes de communication et dans les châteaux », écrivent les Amis de la Constitution de Limoges au début de la Révolution. Le jargon des paysans au théâtre témoigne de cet écart culturel entre ville et campagne.

Quant à la réflexion sur les « conditions » – au sens moderne de « classes » dans l'édifice social –, elle manifeste un même écart selon la conscience des individus, plus ou moins « enracinés » dans un milieu (ville/campagne, nobles/manants, maîtres/valets) et dans une tradition séculaire. Dans ce domaine, la relation maîtres/serviteurs est évidemment tributaire de préjugés stéréotypés depuis l'Antiquité comme des convictions morales et religieuses. À la fin du XVIIe siècle, un grand intendant note : « Il y a des maîtres si inhumains qu'ils ménagent moins leurs valets que leurs chevaux, parce que les valets ne leur coûtent point d'argent » ; tandis que la duchesse de Liancourt instruit ainsi sa petite-fille : les domestiques « sont de même nature et de même qualité que vous devant Dieu », mais elle s'empresse de les lui présenter comme « des gens que Dieu a réduits en ce monde dans l'état de servitude pour aider votre infirmité durant que vous remédiez à leur misère, et qui doivent gagner le ciel par cette humiliation comme vous devez le gagner par le soin que vous prendrez de leur conduite ».

Entre pragmatisme cynique et charité chrétienne, le serviteur est encore loin d'échapper à son statut d'instrument condamné à accepter son humilité/humiliation (du latin *humilis*, bas parce que au ras du sol) sans broncher. Mme de Puisieux écrit en 1749 : « Dieu a donné au peuple une insensibilité, et une âme proportionnée à sa condition. Qui nous aurait rendu les services auxquels nous les avilissons, s'ils eussent pensé et senti comme nous ? » Cependant, des voix ont commencé à s'élever pour rappeler quelques principes d'humanité : ainsi la marquise de Lambert, dont Marivaux fréquente le salon, constate – mais sans contester ! – que la condition servile a été établie « contre l'égalité naturelle des hommes » (1728).

C'est la position des Lumières : « J'ignore ce qui est arrivé dans l'ordre des temps ; mais, dans celui de la nature, il faut convenir que, les hommes naissant tous égaux, la violence et l'habileté ont fait les premiers maîtres ; les lois ont fait les derniers » (Voltaire, *Dictionnaire philosophique*, article « Maître »). Mais ici encore la constatation ne conduira pas jusqu'à la contestation. De fait les philosophes, de Montesquieu à Voltaire, ne sont pas des révolutionnaires au sens moderne du terme, mais des « libéraux » : ils cherchent plus à réformer le régime qu'à le détruire ; ils accepteraient volontiers une monarchie « éclairée » qui suivrait leurs conseils. Il n'est donc pas question de mettre les esclaves à la place des maîtres : l'utopie relègue l'inversion au rang de fantasme propre à faire rire (*L'Île des esclaves*) ; la réalité ne peut que la contredire : n'y a-t-il pas des maîtres et des serviteurs en Angleterre, ce modèle de monarchie « éclairée » si cher à Voltaire ? En fin de compte, c'est Rousseau qui ira beaucoup plus loin : son *Contrat social* définit une nouvelle souveraineté fondée sur l'égalité civile de tous les citoyens, son *Discours sur l'origine de l'inégalité* condamne avec intransigeance tous les privilèges et les ordres privilégiés, mais aussi l'oisiveté mère de tous les vices : « Riche ou pauvre, puissant ou faible, tout citoyen oisif est un fripon. »

Dans cette réflexion des intellectuels sur les principes égalitaires, il est évident que le problème de l'instruction de la « masse » populaire est loin d'être résolu : faut-il « instruire nos ouvriers comme nous instruisons nos lettrés ? » Voilà précisément le débat que met en scène Voltaire en prenant la précaution de le mettre dans la bouche d'un fakir (Bambabef, représentant stéréotypé des dispensateurs de superstitions religieuses) qui « soutenait que le peuple a besoin d'être trompé » et d'un disciple de Confucius (Ouang, représentant de la sagesse philosophique) qui « prétendait qu'il ne faut jamais tromper personne » :

« Bambabef – Quoi ! vous croyez qu'on peut enseigner la vérité au peuple sans la soutenir par des fables ?

Ouang – Je le crois fermement. Nos lettrés sont de la même pâte que nos tailleurs, nos tisserands et nos laboureurs. Ils adorent un Dieu créateur, rémunérateur et vengeur. Ils ne souillent leur culte ni par des systèmes absurdes, ni par des cérémonies extravagantes ; et il y a bien moins de crimes parmi les lettrés que parmi le peuple. Pourquoi ne pas daigner instruire nos ouvriers comme nous instruisons nos lettrés ?

Bambabef – Vous feriez une grande sottise ; c'est comme si vous vouliez qu'ils eussent la même politesse, qu'ils fussent jurisconsultes : cela n'est ni possible ni convenable. Il faut du pain blanc pour les maîtres et du pain bis pour les domestiques.

Ouang – J'avoue que tous les hommes ne doivent pas avoir la même science ; mais il y a des choses nécessaires à tous. Il est nécessaire que chacun soit juste, et la plus sûre manière d'inspirer la justice à tous les hommes, c'est de leur inspirer la religion sans superstition » (Voltaire, *Dictionnaire philosophique*, article « Fraude », sous-titré « S'il faut user de fraudes pieuses avec le peuple ? »).

Écho évident des débats de salons distingués : on entend bien dans l'aveu du philosophe « éclairé » que la religion, dispensée à tous, est le plus sûr garant de la justice et de la paix sociales, alors que la « science » reste le privilège de certains. En un sens Voltaire n'est pas très éloigné de la charité chrétienne de l'aristocratique Mme de Liancourt. La « politesse » – au sens des mœurs « policés » des lettrés – et les connaissances de ceux qui détiennent l'autorité (les « jurisconsultes ») sont le « pain blanc » des maîtres auquel leurs serviteurs ne sauraient avoir le droit de goûter !

De fait, c'est une opinion commune et très rarement contestée, même chez les intellectuels les plus audacieux, de penser avec une commisération plus ou moins sincère que les « petites gens » peuvent se passer de toute instruction pour continuer de vivre dans leurs préjugés grossiers. Cependant, lire et écrire est vite devenu indispensable au personnel domestique de plus en plus nombreux qui partage la vie – et les intrigues ! – de maîtres cultivés et spirituels. Les grands valets de théâtre manifestent cet incontestable vernis qui les distingue du milieu paysan dont ils sont pourtant le plus souvent issus (voir le « distingué » Merlin face aux rustauds Blaise et Colette dans *Les Acteurs de bonne foi*, 1757). La diffusion des idées des Lumières et la propagation des ferments révolutionnaires restent des phénomènes essentiellement urbains, réservés à ceux qui vivent précisément dans un univers « policé ».

« En fait ce XVIIIe siècle, dont la Révolution a fait son prélude, rôle élogieux mais subordonné (origines intellectuelles, origines politiques, litanie de titres probants) a été, bien plus qu'une préparation aux événements révolutionnaires, un épanouissement : la fleur d'une société enfin policée, où les coups d'épée des duels ont cédé le pas aux mots d'esprit qui font pâlir sous les fards, mais ne tuent pas ; la fleur d'une vie urbaine, qui trouve son équilibre dans l'antagonisme bourgeoisie-noblesse et qui copie Paris, la vraie capitale du royaume, la ville réputée supérieure » (*Histoire de la civilisation française, op. cit.*)

LA HIÉRARCHIE DES « CONDITIONS »

L'émergence des nouvelles puissances de l'argent (voir ci-dessus) accélère la transformation des mentalités et suscite le désir d'une réussite matérielle individuelle. Une réussite que rend éclatante la capacité d'ascension sociale dans la hiérarchie des conditions : le paysan se voit « parvenu » (comme en témoigne le parcours de Jacob dans le roman de Marivaux, *Le Paysan parvenu*, voir p. 174), le bourgeois se rêve gentilhomme (et pas seulement sur la scène comique héritée de Molière), le serviteur se découvre des « idées de grandeur » (« Je m'ennuie d'être soubrette. [...] Il me vient des idées de grandeur que je n'ai jamais eues », confie la Lisette de *Turcaret*, III, 11).

Alors que la société des siècles précédents était figée sur des valeurs et des structures quasi immuables – les fameux trois ordres (noblesse, clergé, tiers état) correspondant aux trois fonctions que Dumézil distingue dans l'héritage mythique indo-européen (combattre, prier, produire) –, celle du XVIIIe siècle manifeste une mobilité nouvelle qui se concrétise par la perméabilité sociale : même si les forces d'inertie brident encore les désirs de changement, il apparaît de plus en plus possible de passer d'une « classe » à l'autre, de rompre individuellement le cloisonnement traditionnel qui assurait jusque-là l'étanchéité des conditions. On sait qu'à la fin du siècle, la Révolution consommera la rupture par la désintégration de la société d'ordres, fondement de l'Ancien Régime.

La hiérarchie des classes selon la naissance, qui établissait le pouvoir effectif de la noblesse et du clergé sur le peuple laborieux, s'écroule progressivement, au fur et à mesure que se développe une nouvelle élite « bourgeoise » qui détient un pouvoir économique de plus en plus important et revendique en conséquence le partage du pouvoir politique. Les historiens ont montré, dit et répété que la Révolution allait consacrer ce triomphe. Au théâtre, il est déjà sensible dans la manière dont la noblesse traditionnelle cherche à se convaincre de la nécessité d'admettre au rang d' « honnête homme » – un rang dont elle avait jusque-là l'exclusivité – ces riches « parvenus » ; en témoigne la fière Angélique, fille de marquis, qui « rend les armes » avant d'accepter d'épouser le bourgeois Dorante : « Dorante n'a pas fait sa fortune ; il l'a trouvée toute faite. Dorante est de très bonne famille, et très distinguée, quoique sans noblesse ; de ces familles qui vont à tout, qui s'allient à tout. Dorante épousera qui il voudra ; c'est d'ailleurs un fort honnête hommes » (Marivaux, *Le Préjugé vaincu,* scène VIII). Comme on l'entend, la stratégie d'alliance permet à la bourgeoisie de « deuxième génération » de réussir son intégration !

Aux vieilles valeurs aristocratiques du sang et du rang, la riche bourgeoisie entreprenante a donc substitué une nouvelle donne : mérite fondé sur le travail, l'épargne, la fortune. Dès le règne de Louis XIV, elle a su associer ses talents comme ses richesses à la prospérité d'un État qui a compris l'intérêt de la récompenser par des charges et des offices. Les bourgeois les plus « distingués » (grands magistrats, négociants fortunés) rejoignent ainsi les privilégiés de l'aristocratie pour défendre l'édifice monarchique : ils forment un groupe composite de « nantis » proches du pouvoir. Cependant, la vieille aristocratie traditionnelle, souvent désargentée, se sent menacée par ces « parvenus », ces « bourgeois gentilshommes » ambitieux qui profitent d'un prestige qui lui échappe. Les inégalités de richesses ont remplacé les inégalités de naissances et les stratégies matrimoniales ne font que renforcer les élites aristocratique et bourgeoise, au détriment total du petit peuple exclu de tout partage de profits.

Bien entendu, seule cette classe de « possédants » peut « posséder » et entretenir une domesticité : le nombre et la qualité des serviteurs manifestent ostensiblement la réussite des maîtres. Cependant, ces derniers prennent conscience du danger potentiel que représente la classe domestique si le rapport d'autorité se distend, comme en témoigne le succès à la scène de ces insolents valets de comédie qui ridiculisent leur maître, pire ! qui prennent sa place. À l'ère de la complicité – le serviteur confident de son maître – semble succéder l'ère du soupçon ; la preuve en est une série de mesures et d'interdits qui ont pour but d'empêcher tout phénomène de mimétisme (le serviteur risque de trop ressembler au maître) et de confusion (risque de mélanger les prérogatives de classes) : en 1724, une ordonnance de police impose un signe distinctif visible pour marquer la condition de serviteur sur la livrée, que d'aucuns jugent souvent trop luxueuse (et donc trop proche de celle des maîtres) ; le port des armes est interdit, de même que la fréquentation de certains spectacles et lieux publics. La surveillance se fait plus rigoureuse : arrestation de tout serviteur logeant dans une auberge sans être muni d'un certificat dûment signé par son maître ; obligation de produire une permission signée pour louer une chambre.

La grande bourgeoisie, devenue noblesse de robe par l'achat de fiefs et d'offices au siècle précédent, prend soin de « verrouiller la porte » qu'elle a ainsi franchie. En prenant conscience de la relativité des conditions sociales, de cette mobilité/perméabilité dont ils ont su/pu eux-mêmes bénéficier, les nouveaux maîtres se défient des nouveaux serviteurs : sortis de l'aliénation fascinée pour une autorité immémoriale (tel le Sganarelle de Molière pour son seigneur Don Juan), ceux-ci pourraient bien prendre exemple sur Figaro pour pousser la contestation un peu trop loin !

De fait, à la scène, l'évolution des mentalités est tout aussi sensible : après avoir proposé des figures de valets arrogants et cupides (les Crispins de Regnard et de Lesage, le Frontin de *Turcaret*), des exemples de « préjugés vaincus » par des alliances en apparence audacieuses, des modèles proprement utopiques de société sans privilège de classe (*L'Île des esclaves*), la comédie semble se recroqueviller, au tournant du siècle, sur les principes d'une sagesse prudente, sur un *statu quo* social qui éviterait, précisément, d'aller trop loin : ce sera le triomphe du « drame bourgeois », où excelle Diderot avec des figures d'un paternalisme édifiant qui nous paraissent aujourd'hui bien désuètes. Théâtre de « mœurs » (la peinture des conditions, c'est-à-dire des situations familiales et sociales), donc théâtre « moral » (au sens doublement étymologique du latin *mores*) ; ainsi Diderot fait dire à Dorval : « Ce ne sont plus, à proprement parler, les caractères qu'il faut mettre sur la scène, mais les conditions. [...] C'est la condition, ses devoirs, ses avantages, ses embarras qui doivent servir de base à l'ouvrage » (*Entretien avec Dorval sur le Fils naturel*, 1757).

Or, peu de temps auparavant (1741), Marivaux a eu la prudence de faire dire, de son côté, à sa « commère » Mme Alain : « Il y a une règle dans la vie : on a rangé les conditions, voyez-vous ; je ne dis pas qu'on ait bien fait, c'est peut-être une folie, mais il y a longtemps qu'elle dure, tout le monde la suit, nous venons trop tard pour la contredire. C'est la mode ; on ne la changera pas ni pour vous, ni pour ce petit bonhomme. En France et partout, un paysan n'est qu'un paysan, et ce paysan n'est pas pour la fille d'un citoyen bourgeois de Paris » (*La Commère*, scène XXIII ; la pièce, dont l'intrigue est tirée du roman *Le Paysan parvenu*, ne sera découverte qu'en 1965, et créée à la Comédie-Française en 1967).

LES « CONDITIONS » DANS LA SOCIÉTÉ D'ANCIEN RÉGIME

Les paysans

Ces paysans ont gagné une aisance relative : les plus humbles ont désormais de quoi se nourrir suffisamment pour échapper aux disettes chroniques (la dernière grande famine de 1709 a fait des millions de morts en quelques mois), parfois même ils arrivent à vendre leurs produits à la ville, la multiplication des foires et des marchés assure un volume croissant de transactions qui enrichit les plus gros propriétaires.

Les domestiques

La domesticité, surtout féminine, compose 5 à 10 % de la population urbaine. Deux tiers des domestiques sont employés par l'élite bourgeoise (rentiers, commerçants, professions libérales). Les parlementaires parisiens ont en moyenne huit serviteurs, certains « grands seigneurs » plus de trente !

Engagés pour servir un maître à qui ils « appartiennent », les domestiques sont payés, nourris et logés : dans les foyers modestes ce sont surtout des servantes « bonnes à tout faire » ; dans les riches demeures, plutôt des hommes, investis d'« offices » diversifiés et spécialisés (cochers, laquais), souvent mieux traités.

Engagés comme serviteurs, mais investis d'une fonction de premier plan, les intendants (voir Dorante) se voient confier le soin de gérer les biens fonciers des grands propriétaires.

La plupart du temps, la journée de travail d'un domestique est longue, mais ses « gages » sont (très) faibles, parfois même suspendus ou « oubliés ». Pour les plus chanceux, un salaire correct, éventuellement augmenté de récompenses, pourboires et étrennes, permet de faire des économies.

Les domestiques font le plus souvent une longue carrière dans la même maison (ils peuvent même y rester toute leur vie, intégrés à la « famille » au sens antique du terme ; parfois même on trouve plusieurs générations de domestiques au service de la même famille). S'ils changent de « maison », ils doivent produire un certificat à leur nouveau patron. Ils ne sont pas autorisés à fonder eux-mêmes de famille (serviteurs et servantes ont des logements séparés) et ne bénéficient d'aucune instruction de type scolaire (les maîtres ne la jugent pas utile pour servir !).

Corvéables à merci, souvent traités avec brutalité, injuriés (« maraud », « coquin ») et battus, les domestiques sont considérés comme des « enfants » à corriger avec paternalisme, sinon comme de simples « objets » constituant un « signe extérieur de richesse » pour leur maître. Leur statut juridique demeure vague, mais la justice peut être très sévère à leur égard : le témoignage d'un serviteur reste sans valeur ; en cas de vol, il risque la peine de mort.

De manière générale, un relatif bien-être matériel donne cependant au groupe social des serviteurs un statut envié par les plus démunis et par les paysans. Véritables « intermédiaires culturels » entre deux classes, les domestiques auront ainsi tendance à se démarquer du peuple dont ils sont issus pour chercher à imiter les nantis qu'ils servent.

Les bourgeois

À l'origine simples « habitants du bourg », les bourgeois n'ont pas le privilège de la noblesse, mais possèdent des biens qui leur permettent de ne pas travailler de leurs mains.

Pour devenir « gentilshommes », les plus riches rêvent d'un anoblissement obtenu grâce à l'exercice de charges administratives et politiques, ou encore par l'achat d'une terre noble. Pour masquer l'écart des origines, les bourgeois « parvenus » s'habillent et se comportent comme les aristocrates de souche ; l'alliance avec une de leurs familles constitue une manifestation éclatante de réussite (voir les projets de Madame Argante pour sa fille).

Les aristocrates

La vieille aristocratie se replie sur un conservatisme anachronique face à la montée de la bourgeoisie. La petite noblesse provinciale des hobereaux vit souvent chichement sur ses terres.

Il ne leur reste souvent qu'une seule perspective pour améliorer leur situation matérielle : envisager une union avec la bourgeoisie aisée, au risque de la mésalliance.

III - MARIVAUX, *UN PRÉCURSEUR* FACE AUX CRITIQUES

Le théâtre de Marivaux, mis à part quelques échecs ou demi-succès, a été l'un des plus joués de son époque. Mais si le public l'a bien accueilli, il n'en a pas été de même de la critique. Au XVIIIe *siècle, et au-delà, on peut retrouver toutes sortes de variations à partir des propos attribués à Voltaire, stigmatisant en Marivaux un « métaphysicien » du sentiment, passant son temps à « peser des œufs de mouche dans des balances en toile d'araignée ». Ci-après on trouvera des extraits de l'*Éloge de Marivaux *composé par d'Alembert et publié en 1785. Mathématicien, collaborateur de Diderot pour l'*Encyclopédie, *d'Alembert reproduit les préjugés de son temps, mais est également sensible au génie particulier de celui dont il traite.*

« Accueilli souvent et longtemps sur les deux théâtres, ses succès furent encore plus brillants et plus soutenus sur la scène italienne que sur la scène française, et cette préférence eut plusieurs causes. Le public, jaloux sans doute de conserver au Théâtre-Français la supériorité que toute l'Europe lui accorde, juge avec rigueur tous ceux qui se présentent pour en soutenir la gloire, tandis qu'il accueille, avec une indulgence quelquefois excessive, ceux qui, se montrant à lui *sur tout autre théâtre,* ne lui laissent voir que le désir sans prétention de l'amuser un moment. Cette indulgence peut même dégénérer, les exemples en sont récents, en une faveur ridiculement prostituée au genre le plus vil, humiliante pour la nation aux yeux des étrangers, et dont elle s'excuse auprès d'eux en rougissant, mais sans être corrigée pour l'avenir.

Marivaux fut donc traité au Théâtre-Italien avec la même bienveillance que ses autres confrères, quoique l'auteur, incapable de changer de goût et de style, n'eût pas l'intention de paraître devant les spectateurs, plus en négligé sur la scène étrangère que sur la scène nationale ; mais il dut encore à une autre circonstance la continuité de ses succès à ce spectacle. Il y trouva des acteurs plus propres à le seconder que les Comédiens-Français ; soit que le génie souple et délié de la nation italienne la rendit plus capable de se prêter aux formes délicates que la représentation de ses pièces paraissait exiger ; soit que des acteurs étrangers, moins faits à notre goût et à notre langue, et par là moins confiants dans leurs talents et dans leurs lumières, se montrassent plus dociles aux leçons de l'auteur, et plus disposés à saisir dans leur jeu le caractère qu'il avait voulu donner à leur rôle.

Parmi ces acteurs, Marivaux distinguait surtout la fameuse Silvia, dont il louait souvent, avec une espèce d'enthousiasme, le rare talent pour jouer ses pièces. Il est vrai qu'en faisant l'éloge de cette actrice, il faisait aussi le sien sans y penser ; car il avait contribué à la rendre aussi parfaite qu'elle l'était devenue ; mais il est vrai aussi, et cette circonstance est peut-être à l'honneur de l'un et de l'autre, qu'il n'avait eu qu'une seule leçon à lui donner. Peu content de la manière dont elle avait rempli le premier rôle qu'il lui confia, mais prévoyant sans doute avec quelle perfection elle pouvait s'en acquitter, il se fit présenter chez elle par un ami, sans se faire connaître ; et après avoir donné à l'actrice tous les éloges préliminaires que la bienséance exigeait, il prit le rôle sans affectation, et en lut quelques endroits avec tout l'esprit et toutes les nuances qu'un écrivain tel que lui pouvait y désirer. « Ah ! monsieur, s'écria-t-elle, vous êtes l'auteur de la pièce » ; dès ce moment, elle devint au théâtre Marivaux lui-même, et n'eut plus besoin de ses conseils.

Il n'en était pas ainsi de la célèbre Lecouvreur, qui jouait dans les pièces de Marivaux, au Théâtre-Français, des rôles du même genre que ceux de Mlle Silvia au Théâtre-Italien. On a plusieurs fois ouï dire à l'auteur que dans les premières représentations, elle prenait assez bien l'esprit de ces rôles déliés et métaphysiques ; que les applaudissements l'encourageaient à faire encore mieux s'il était possible, et qu'à force de mieux faire elle devenait précieuse et maniérée. On sera sans doute un peu étonné d'apprendre que Marivaux, si éloigné de la simplicité dans ses comédies, la prêchât si rigoureusement à ses acteurs. Mais cette simplicité, du moins apparente, était plus nécessaire au jeu de ses pièces qu'on ne serait d'abord tenté de le croire. Presque toutes, comme on l'a dit, sont des « *surprises de l'amour* » ; c'est-à-dire la situation de deux personnes qui, s'aimant et ne s'en doutant pas, laissent échapper par tous leurs discours ce sentiment ignoré d'eux seuls, mais très visible pour l'indifférent qui les observe. Il faut donc, comme le disait très bien Marivaux lui-même, que les acteurs ne paraissent jamais « sentir la valeur de ce qu'ils disent », et qu'en même temps les spectateurs la sentent et la démêlent à travers l'espèce de nuage dont l'auteur a dû envelopper leurs discours. « Mais, disait-il, j'ai eu beau le répéter aux comédiens, la fureur de montrer de l'esprit a été plus forte que mes très humbles remontrances ; et ils ont mieux aimé commettre dans leur jeu un contresens perpétuel, qui flattait leur amour-propre, que de ne pas paraître entendre finesse à leur rôle. » Un seul acteur lui fit une objection pressante : « Je jouerai, lui dit-il, mon rôle d'amant aussi bêtement qu'il vous conviendra ; mais me répondez-vous que le parterre, et peut-être la moitié des loges, m'entendent ? Gardez-vous, et nous aussi, de supposer à nos spectateurs une intelligence qu'ils n'ont pas ; nous leur ferions un honneur dangereux pour nous, et peu flatteur pour eux qui n'en sauraient rien. » « Eh bien ! lui dit Marivaux, continuons donc, pour être applaudis, vous de mal jouer, moi de le souffrir ; et pensons tous deux, mais sans nous en vanter, comme cet orateur qui, se voyant applaudi par une multitude nombreuse, demanda s'il avait dit quelque sottise. »

Cette éternelle « *surprise de l'amour* », sujet unique des comédies de Marivaux, est la principale critique qu'il ait essuyée sur le fond de ses pièces ; car nous ne parlons point encore du style : on l'accuse, avec raison, de n'avoir fait qu'une comédie en vingt façons différentes, et on a dit assez plaisamment que si les comédiens ne jouaient que les ouvrages de Marivaux, ils auraient l'air de ne point changer de pièce. Mais on doit au moins convenir que cette ressemblance est, dans sa monotonie, aussi variée qu'elle le puisse être, et qu'il faut une abondance et une subtilité peu communes pour avoir si souvent tourné, avec une espèce de succès, dans une route si étroite et si tortueuse.

[...]

Néanmoins, à travers ce jargon si entortillé, si précieux, si éloigné de la nature, Marivaux a su conserver un mérite dont on doit lui savoir d'autant plus de gré qu'on le croirait incompatible avec un pareil langage, et qu'il est même peu commun dans nos auteurs dramatiques, quoiqu'ils parlent une langue plus naturelle que lui. Ce mérite est la vérité du dialogue. Qu'on passe un moment à ses acteurs ce jargon bizarre, comme s'ils ne pouvaient en avoir un autre, on verra qu'ils se disent et se répondent toujours ce qu'ils doivent se dire et se répondre dans la situation où ils se trouvent ; il est vrai que ce dialogue, malgré sa justesse, deviendrait à la fin très fatigant, au moins dans les longues scènes ; mais l'auteur, qui apparemment a senti cet inconvénient, y a remédié de son mieux par un dialogue très coupé, et par des scènes aussi courtes que chaque situation peut le permettre. »

Éloge de Marivaux par d'Alembert, imprimé en 1785.

« Un jeune homme écrit des comédies et des histoires galantes d'une manière touchante ; mais son style est guindé. Il a conservé dans ses écrits un certain air précieux qui tient peu du naturel. On dirait volontiers quelquefois en lisant ses ouvrages, que l'auteur invente, et que le petit maître écrit. »

D'Argens, *Lettres juives,* 1738,
lettre XIII, éd. 1764, tome I, p. 132.

« Marivaux a travaillé près d'un demi-siècle pour les théâtres de Paris : sa première pièce est de l'an 1712, et il est mort en 1763, à l'âge de soixante-douze ans. Le nombre de ses comédies s'élève à une trentaine environ : Arlequin joue un rôle dans plus des deux tiers de ces pièces, parce que l'auteur les destinait à la scène italienne. *Les Fausses Confidences* appartiennent à cette catégorie ; jouées pour la première fois en 1763, sans grand succès, elles furent reprises deux ans plus tard avec un succès d'autant plus grand.

Les pièces de Marivaux, malgré la diversité des caractères et des intrigues, ont entre elles un grand air de ressemblance. On y trouve toujours le même esprit chatoyant et trop souvent recherché, la même analyse métaphysique des passions, le même langage fleuri et rempli de néologismes. Ses plans ne présentent qu'une étendue fort restreinte ; mais, en habile chorégraphe, il sait parcourir le cercle étroit qu'il s'est tracé à pas si petits et cependant si nettement gradués, qu'à la fin nous croyons avoir fait avec lui autant de chemin qu'avec un autre. »

Lessing, *Dramaturgie de Hambourg,*
vingt et unième soirée (20 mai 1767).

« Après avoir parcouru les trente pièces qui forment les sept volumes in-12 de ce théâtre, il me reste, Monsieur, à vous peindre le génie de l'auteur dans le genre dramatique. M. de Marivaux, voyant que ses prédécesseurs avaient épuisé tous les sujets des comédies de caractère, s'est livré à la composition des pièces d'intrigue ; et dans ce genre, qui peut être varié à l'infini, ne voulant avoir d'autre modèle que lui-même, il s'est frayé une route nouvelle. Il a imaginé d'introduire la métaphysique sur la scène, et d'analyser le cœur humain dans des dissertations tendrement épigrammatiques. Aussi le canevas de ses comédies n'est-il ordinairement qu'une petite toile fort légère, dont l'ingénieuse broderie ornée de traits plaisants, de pensées jolies, de situations neuves, de reparties agréables, de fines saillies, exprime ce que les replis du cœur ont de plus secret, ce que les raffinements de l'esprit ont de plus délicat. Ne croyez cependant pas que cette subtilité métaphysiquement comique soit le seul caractère distinctif de ce théâtre. Ce qui y règne principalement est un fonds de philosophie, dont les idées développées avec finesse, filées avec art, et adroitement accommodées à la scène, ont toutes pour but le bien général de l'humanité.

Quoiqu'on reproche à M. de Marivaux de trop disserter sur le sentiment, ce n'est cependant pas le sentiment qui domine dans la plupart de ses comédies ; mais lorsqu'elles manquent d'un certain intérêt de cœur, il y a presque toujours un intérêt d'esprit qui le remplace. Peut-être qu'un peu plus de précision y jetterait plus de chaleur ; et que si le style en était moins ingénieux, il serait plus naturel.

Concluez donc que les défauts qu'on remarque dans les œuvres dramatiques de M. de Marivaux ne viennent que d'une surabondance d'esprit, qui fait tort à la délicatesse de son goût. Tels sont ces dialogues si spirituels et si ennuyeux, entre des interlocuteurs qui regorgent d'esprit et manquent de sens, qui épuisent une idée et jouent sur le mot pour égayer ridiculement un tissu de scènes métaphysiques ; ces tristes analyses du sentiment, qui ne peignent ni les mœurs ni le ridicule des hommes ; ces réflexions subtiles qui suffoquent les spectateurs ; ces métaphores, toujours neuves à la vérité, mais souvent hardies, quelquefois hasardées ; ces expressions détournées, qui n'ont de piquant que la singularité de leur association. *Ce que j'ai traduit d'après vos yeux... des amants sur le pavé... des cœurs hors de condition... des yeux qui violeraient l'hospitalité...* etc., sont des façons de parler qu'on désapprouve avec peine, comme certains criminels qu'on ne condamne qu'à regret.

Pourquoi faut-il que l'estime de l'auteur pour les écrivains modernes l'ait détourné de la lecture des anciens ? Il y aurait puisé, comme dans la véritable source, ce goût qui donne la perfection aux ouvrages d'esprit ; et si Plaute, Térence et Aristophane n'eussent pas été les guides dans une carrière où il n'en voulait point d'autres que lui-même, ils auraient du moins pu quelques fois l'empêcher de s'égarer. Les autres lui auraient appris qu'on peut bien se frayer de nouvelles routes dans tous les genres, mais jamais se former un langage nouveau ; qu'il faut penser d'après soi-même, et parler comme tout le monde.

Persuadé que la subtilité épigrammatique de son esprit et la délicate singularité de son style plairaient assez sans le secours de la versification, M. de Marivaux a écrit en prose presque toutes ses comédies. Ses succès lui firent des partisans ; et il eut bientôt des imitateurs. Une foule d'auteurs subalternes s'embarrassèrent dans un labyrinthe de phrases alambiquées ; et ce nouveau langage devint la mode. Heureusement qu'ils n'avaient ni l'esprit ni le mérite de leur chef, et que, ne copiant que ses défauts, ils n'offraient dans leurs écrits qu'un jargon précieusement ridicule. Mille cris s'élevèrent pour le proscrire ; et l'on convint qu'il ne serait souffert désormais que dans les ouvrages de M. de Marivaux, où il s'est, pour ainsi dire, identifié avec les grâces de son génie.

Je suis, etc.

À Paris, ce 8 janvier 1759. »

Abbé de La Porte, *L'Observateur littéraire,* 1759,
tome 1, lettre IV, pp. 91-95.

« Fontenelle avait lui-même appliqué à la comédie le mélange de familiarité coquette et de finesse qui caractérise sa manière habituelle. Ses pièces de théâtre, qu'on n'a guère jouées et qu'on ne lit plus, ont, pour le tour du dialogue, la subtilité des sentiments, et la recherche de naïveté maligne, un air de parenté avec le théâtre de Marivaux. Il y manque l'intrigue, et cette invention de scène qui soutient l'attention du spectateur. Marivaux eut, au contraire, ce mérite ; et par là, il devint le créateur d'un genre nouveau, fort dégénéré de la bonne comédie, mais éloigné du drame, et amusant parfois sans être gai. Cette comédie, que Voltaire appelait métaphysique, et qui semble plutôt sensuelle avec subtilité, était conforme au temps, et vraie par la recherche du langage. Il y eut, dans les mœurs du XVIIIe siècle, un côté de licence qui passait la comédie régulière. Mais la partie élégante et ostensible de ces mœurs n'eut pas d'interprète plus piquant et plus fidèle que Marivaux. C'est là qu'il apprit ces analyses de sentiment, ces grâces maniérées et ces éternelles surprises du cœur qui remplissent son théâtre : c'était de l'amour à l'usage de la bonne société.

[...] À notre avis, cependant, ce n'est pas au théâtre que Marivaux est vraiment supérieur. Il est plus à son aise dans le roman. Il ne prête pas son genre d'esprit à tous ses personnages : il s'en sert pour raconter. Il est peintre moraliste ; il est souvent pathétique, et trouve, dans un vif sentiment des misères humaines, une éloquence naturelle. C'est par là qu'il a mérité tant de lecteurs, avec deux romans qui ne sont pas habilement conduits, et ne sont pas même finis [...]. Ce sont les seuls ouvrages de notre langue où, pour la peinture de la vie, la sensibilité morale de Richardson soit égalée, sans dessein de l'imiter : c'est la belle innovation de Marivaux ; c'est son génie. »

Villemain, *Cours de littérature française,*
nouv. éd., Paris, Didier, 1878. t. I.

« Les gastronomes du monde entier savent que la cuisine française est bonne parce qu'on la fait "à feu doux" ; ainsi, tout le fumet reste dans le plat.

Il en est de même de Marivaux. Marivaux, c'est de la cuisson "à feu doux".

Lorsqu'on joue du Marivaux, l'atmosphère du théâtre, au début, ne laisse pas croire qu'on est en train de s'échauffer et tout d'un coup, comme lorsque le blanc d'un œuf se met à prendre, une immense bouffée de chaleur envahit le théâtre et la salle entière, tout en chantant, se met à bouillir suavement. »

Jean-Louis Barrault, « Un Précurseur »,
dans les *Cahiers Renaud-Barrault,* n° 28, janvier 1960.

« Comment s'expliquer que Marivaux soit lisible aujourd'hui, alors qu'il ne l'était plus guère au temps de Sainte-Beuve ? Vérité littérale : Duviquet, son seul éditeur au XIXe siècle, a cru bon de récrire dix mille phrases, "scabreuses", "mal écrites" ou "inintelligibles". Comment comprendre que depuis trente ans toute la critique se soit appliquée à fonder ces deux formules extrêmes : "Marivaux sans marivaudage" / "le sens du marivaudage" ? C'est qu'auprès d'un certain public

LES CLÉS DE L'ŒUVRE : II - DOSSIER HISTORIQUE ET LITTÉRAIRE

“cultivé” (inconsciente victime d’une tradition séculaire) l’écrivain reste prisonnier d’un stéréotype ; et l’histoire de ce stéréotype, c’est une histoire culturelle, sociale et politique (Duviquet jugeait terriblement “dangereux” le “mauvais goût” de Marivaux). Le lire aujourd’hui, c’est opposer notre Marivaux aux lectures toutes faites que nous ont léguées d’autres générations. »

H. Coulet et M. Gilot, *Marivaux, Un humanisme expérimental*, Larousse, 1973.

IV - MARIVAUX JOURNALISTE, SPECTATEUR DE SON TEMPS

Marivaux dramaturge sait mettre en scène les travers de son époque, par exemple l'obsession nobiliaire de la bourgeoisie et la toute-puissance de l'argent. Mais si, dans Les Fausses Confidences, *Madame Argante est un véritable personnage moliéresque de « bourgeoise gentilhomme », le discours marivaudien sur l'argent bien qu'omniprésent y demeure très discret et modéré. Marivaux journaliste, lui, est un critique social beaucoup plus explicite et, parfois, passionné.*

A. BOURGEOIS ET « GENS DE QUALITÉ »

Le bourgeois à Paris, madame, est un animal mixte, qui tient du grand seigneur et du peuple.

Quand il a de la noblesse dans ses manières, il est presque toujours singe : quand il a de la petitesse, il est naturel ; ainsi il est noble par imitation, et peuple par caractère.

Entre les bourgeois, la cérémonie est sans fin : je crois en savoir la raison, en suivant toujours mes principes.

Il règne parmi les gens de qualité une certaine politesse dégagée de toute fade affectation : cette politesse n'est autre chose qu'une façon d'agir naturelle, épurée de la grossièreté que pourrait avoir la nature.

Le bourgeois voudrait bien imiter cette politesse ; mais, malheureusement, son premier effort pour cela le tire de l'air naturel, et tout ce qu'il fait est cérémonie.

Le bourgeois dans ses ameublements, ses maisons et sa dépense, est souvent aussi magnifique que le sont les gens de qualité ; mais la manière dont il produit sa magnificence a toujours certain air subalterne qui le met au-dessous de ce qu'il possède : y paraît-il indifférent ? On voit qu'il gêne sa vanité : en jouit-il avec faste ? il s'y prend avec petitesse.

Le bourgeois est quelquefois fier avec les gens au-dessus de lui, mais c'est une fierté qu'il se donne, et non pas qu'il trouve en lui ; il fait comme ceux qui se haussent sur leurs talons pour paraître plus grands.

Un bourgeois qui s'en tient à sa condition, qui en sait les bornes et l'étendue, qui sauve son caractère de la petitesse de celui du peuple, qui s'abstient de tout amour de ressemblance avec l'homme de qualité, dont la conduite, en un mot, tient le juste milieu, cet homme serait mon sage.

[...]

Pouvoir être impunément superbe, parce qu'on est d'une grande naissance ; sentir pourtant qu'il n'y a point là matière à orgueil, et se rendre modeste, non pour l'honneur de l'être, mais par sagesse ; cela est beau.

Être né sans noblesse, acquiescer de bonne grâce aux droits qu'on a donnés au noble, sans envier son état, ni rougir du sien propre ; cela est plus beau que d'être noble, c'est une raison au-dessus de la noblesse.

Lettres sur les habitants de Paris
tirées du *Nouveau Mercure*

B. LA PAUVRETÉ, « VICE » SOCIAL RÉDHIBITOIRE

Je viens de voir un nomme qui attendait un grand seigneur dans sa salle ; je l'examinais parce que je lui trouvais un air de probité, mêlé d'une tristesse timide ; sa physionomie et les chagrins que je lui supposais m'intéressaient en sa faveur. Hélas ! disais-je en moi-même, l'honnête homme est presque toujours triste, presque toujours sans biens, presque toujours humilié ; il n'a point d'amis, parce que son amitié n'est bonne à rien ; on dit de lui : C'est un honnête homme, mais ceux qui le disent, le fuient, le dédaignent, le méprisent, rougissent même de se trouver avec lui ; et pourquoi ? C'est qu'il n'est qu'estimable.

En faisant cette réflexion, je voyais dans la même salle des hommes d'une physionomie libre et hardie, d'une démarche ferme, d'un regard brusque et aisé ; je leur devinais un cœur dur, à travers l'air tranquille et satisfait de leur visage ; il n'y avait pas jusqu'à leur embonpoint qui ne me choquât. Celui-ci, disais-je, est vêtu simplement ; mais dans un goût de simplicité garant de son opulence ; et l'on voit bien à son habit, que son équipage et ses valets l'attendent à la porte.

L'or et l'argent brillent sur les habits de cet autre. Ne rougit-il pas d'étaler sur lui plus de biens que je n'ai de revenu ? Non, disais-je, il n'en rougit point.

[...]

Qu'il est triste de voir souffrir quelqu'un, quand on n'est point en état de le secourir, et qu'on a reçu de la nature une âme sensible qui pénètre toute l'affliction des malheureux, qui l'approfondit involontairement, pour qui c'est comme une nécessité de la comprendre, et de ne rien perdre de la douleur qui peut en rejaillir sur elle-même !

Juste Ciel ! quels sont donc les desseins de la Providence dans le partage mystérieux qu'elle fait des richesses ? Pourquoi les prodigue-t-elle à des hommes sans sentiment, nés durs et impitoyables, pendant qu'elle en est avare pour les hommes généreux et compatissants, et qu'à peine leur a-t-elle accordé le nécessaire ? Que peuvent, après cela, devenir les malheureux qui par là n'ont de ressource ni dans l'abondance des uns ni dans la compassion des autres ?

Le Spectateur français

La source la plus ordinaire des crimes qui se commettent dans le monde, ce n'est pas la pauvreté, comme on le croirait ; c'est la honte qu'elle fait à ceux qui la souffrent.

Mille gens seraient pauvres avec patience, s'ils n'avaient que la peine de l'être ; ou du moins, ils ne feraient point d'efforts criminels pour sortir de leur pauvreté, si elle n'était que fatigante ; mais elle est honteuse.

Un homme fait mauvaise chère, il est mal vêtu, mal logé, mal chauffé ; il n'y a pas encore là de quoi le tenter d'être coupable, pour cesser d'être malheureux.

Mais on le méprise parce qu'il est pauvre ; ou bien on le méprisera si on sait qu'il l'est ; et à la fin on le saura, car il n'a pas de quoi empêcher qu'on ne le découvre ; il faut du bien pour pouvoir cacher qu'on en manque : de sorte qu'il est méprisé, ou qu'il va l'être ; et voilà ce qui le perd.

Son voisin est riche, et il lui pardonnerait de dîner mieux que lui ; mais son voisin est glorieux de ce qu'il dîne mieux que lui. Son voisin a des amis qui l'honorent ; et lui, tout le monde le laisse là. On dit en parlant de lui : ce pauvre monsieur un tel ! Il entre dans une maison, dans une assemblée : il sent qu'on le reçoit comme une figure hétéroclite et moquable, dont on a la pudeur de ne pas rire encore ; mais dont il est sûr qu'on rira quand elle n'y sera plus ; sa présence fait tomber la conversation : on lui dit : Allez-vous-en, à force de ne lui rien dire. Va-t-il ailleurs ? il n'est rien, en quelque endroit qu'il aille, il n'a ni tort ni raison avec personne ; il ne vaut la peine ni d'être persuadé ni contredit. Voilà ce que la pauvreté a d'affreux.

Quelle folle, quelle impertinente, quelle funeste inconséquence dans les mœurs des hommes ! Ils punissent de mort celui qui est convaincu d'avoir fait un crime pour cesser d'être pauvre, et punissent de mépris celui qui a le courage de rester pauvre.

Quel monstrueux mélange de démence et de raison, de dépravation et de justice !

La plus étonnante chose du monde, c'est qu'il y ait toujours sur la terre une masse de vertu qui résiste aux affronts qu'elle y souffre, et à l'encouragement qu'on y donne à l'iniquité même ; car tous les honneurs sont pour l'iniquité, quand elle peut échapper aux lois qui la condamnent.

Et assurément il y a plus de coupables honorés dans le monde qu'il n'y en a de punis.

Combien de fois rachète-t-on son crime par le gain du crime même ?

Le Cabinet du philosophe

V - LES NOUVEAUX ITALIENS

Au XVIIIe siècle, à Paris, trois théâtres bénéficient d'un « privilège » royal qui leur assure le monopole d'un certain type de représentations : l'Opéra (spectacles avec musique et danse), la Comédie-Française (pièces en français, « grandes » comédies et tragédies en cinq actes) et le Théâtre-Italien (comédies d'un à trois actes, en italien à l'origine), le moins institutionnel des trois, mais certainement le plus aimé du public.

En 1697, sous l'influence de l'austère Mme de Maintenon (devenue épouse morganatique du roi), qui se considérait directement visée par une comédie annoncée sous le titre de *La Fausse Prude,* Louis XIV avait chassé les premiers Italiens qui avaient introduit la *commedia dell'arte* en France[1]. Une troupe italienne ne revint à Paris qu'après la mort du roi : en 1716, le Régent charge Riccoboni de recréer le Théâtre-Italien de Paris.

Luigi (Louis) Riccoboni (1675-1753) dit Lélio
Il est né à Modène dans une grande famille d'acteurs : bien qu'attiré par une vocation ecclésiastique, il est obligé d'entrer dans la troupe de ses parents où il joue le rôle des jeunes premiers amoureux sous le nom de Lélio. Devenu directeur d'une troupe de comédiens entretenus par Antoine Farnèse, prince de Parme, il tente d'imposer en Italie un répertoire de théâtre littéraire « sérieux », mais sans guère de succès. C'est Paris qui le consacre comme le nouveau maître de la comédie à l'italienne.

1. Sur ce sujet, on pourra lire le dossier « De la *commedia dell'arte* au théâtre de la Foire » dans *Maîtres et valets dans la comédie du XVIIIe siècle*, paru dans la même collection, n° 6223.

L'essentiel de la troupe de Riccoboni est composé de sa famille : sa femme, Elena Balletti (dite Flaminia), qui joue le rôle de la jeune première Flaminia, son beau-frère Joseph Balletti (dit Mario), qui épouse en 1720 sa cousine germaine Zanetta Benozzi (dite Silvia), qui devient vite l'actrice fétiche du public et de Marivaux. Riccoboni intègre aussi des « survivants » de la troupe dissoute en 1697, comme Dominique Biancolelli (sur scène, il est Pierrot puis Trivelin), fils du « grand Dominique », l'Arlequin de l'ancienne Comédie-Italienne, rôle tenu désormais par Thomasso Antonio Vicentini dit Thomassin.

Thomasso Antonio Vicentini (1682-1739) dit Thomassin
Artiste complet (acteur, danseur, acrobate), petit, fin, élégant et sensible, il campe un Arlequin qui séduit immédiatement le public : « très joli sous le masque, charmant par les manières et par la naïveté » ; « on peut assurer qu'il joue de source, c'est-à-dire que le bouffon ingénieux, le plaisant vif et piquant paraissent être en lui tout à fait naturels ; il a des grâces naïves qui sont inimitables ; enfin c'est un pantomime parfait qui excelle surtout dans tout ce qui s'appelle balourdise » (Boindin, *Lettres historiques à M. D.*** sur la nouvelle comédie italienne*). On raconte qu'il parvenait à faire une pirouette à l'envers sans renverser une seule goutte du verre d'eau qu'il tenait à la main ou qu'il n'hésitait pas à faire le tour du théâtre en s'accrochant aux loges. En 1721, il tient le rôle titre de l'*Arlequin sauvage* de Delisle de la Drevetière. Après sa mort, Marivaux, qui l'appréciait tout particulièrement, fait disparaître le rôle d'Arlequin de son théâtre.

La troupe, qui compte alors une douzaine d'acteurs, donne sa première soirée le 18 mai 1716 au théâtre du Palais-Royal. Dès le 1er juin, elle s'installe rue Mauconseil, dans la salle de l'ancien Hôtel de Bourgogne : six mois après, son répertoire compte déjà plus de soixante pièces (dont les meilleures du *Recueil* de Gherardi) et Riccoboni décide de monter des créations originales. En 1718, ceux que l'on appelle désormais les « Comédiens-Italiens » jouent leur première pièce en français : *Le Naufrage du Port-à-l'Anglais* écrite par Autreau, mais ils ont encore l'habitude de remplacer certaines tirades du texte par des répliques en italien. Cependant Mme de Tencin critique leur manque de naturel quand ils n'improvisent plus.

Le 3 mars 1720, Marivaux fait ses débuts d'auteur dramatique chez les Italiens avec *L'Amour et la Vérité*, comédie en trois actes écrite en collaboration avec le chevalier de Saint-Jorry. Le 17 octobre, les Italiens représentent son *Arlequin poli par l'amour*, à l'affiche sans nom d'auteur ; c'est un vif succès (douze représentations). Peu de temps après, le très médiocre succès de son unique tragédie, en cinq actes et en alexandrins, *La Mort d'Annibal* (16 décembre), à la Comédie-Française, confirme Marivaux dans ses premiers choix : la comédie à l'italienne. Il confie désormais la quasi totalité de ses pièces aux Italiens dont le jeu lui offre un intéressant laboratoire expérimental « avant-gardiste », loin du classicisme empesé du Théâtre-Français ; de plus, des étrangers qui s'expriment avec un accent marqué font mieux accepter du public des audaces qui pourraient passer pour de l'effronterie, tandis que leur agilité bondissante souligne le plaisir de la fantaisie. « Marivaux feignait de dédaigner Molière, mais, comme ses contemporains, il ne pouvait que subir son influence ; mais surtout il écrit la plupart de ses pièces pour les comédiens italiens, c'est-à-dire pour des acteurs qui se confondent avec des types, et qui coulent leur fantaisie dans un jeu codifié reconnaissable immédiatement par le public » (Y. Moraud, *La Conquête de la liberté de Scapin à Figaro, op. cit.*).

Zanetta Rosa Giovanna Benozzi (1700-1758) dite Silvia
Née à Toulouse d'un père acteur venu d'Italie, elle a l'avantage de parler parfaitement le français, avec un léger accent qui ajoute beaucoup de charme à son exceptionnelle volubilité. Brune, affable et élégante, elle séduit par sa beauté singulière, ainsi décrite par le grand Casanova lui-même (il l'a rencontrée en 1750) : « Sa figure était une énigme, elle était intéressante, et elle plaisait à tout le monde, et, malgré cela, à l'examen on ne pouvait pas la trouver belle ; mais aussi personne n'a jamais osé la décider laide. On ne pouvait pas dire qu'elle n'était ni belle ni laide, car son caractère qui intéressait sautait aux yeux ; qu'était-elle donc ? Belle ; mais par des lois et des proportions inconnues à tout le monde, excepté à ceux qui se sentant par une force occulte entraînés à l'aimer, avaient le courage de l'étudier et la force de par-

venir à les connaître » (J.-J. Casanova de Seingalt, *Histoire de ma vie*, 1785).

À partir de *La Surprise de l'amour* (1722), où elle tient le rôle de la Comtesse, Silvia éclipse Flaminia pour tenir le rôle de « première amoureuse ». C'est à l'occasion des représentations de cette pièce que se produit le « coup de foudre » entre l'auteur et son interprète, préludant à un accord si parfait qu'il en deviendra proprement fusionnel : « Personne n'entendait mieux que cette actrice l'art des grâces bourgeoises et ne rendait mieux qu'elle le tatillonnage, les mièvreries, le marivaudage, tous mots qui ne signifiaient rien avant M. de Marivaux » (Desboulmiers, *Histoire du théâtre italien*, 1769). D'Alembert racontera les circonstances anecdotiques – et devenues quasiment légendaires – de cette rencontre qui fit sortir Marivaux de son anonymat pour corriger le jeu de l'actrice (voir l'extrait cité dans le dossier, p. 208).

Pendant huit ans, Silvia tient les premiers rôles féminins des comédies de Marivaux. C'est la grande période de son théâtre « italien », mais peu à peu la lassitude engendrée par le caractère répétitif, voire figé du jeu des Italiens va détourner Marivaux de ce répertoire : après *Le Jeu de l'amour et du hasard* (1730), il commence par éliminer peu à peu tous les noms de personnages qui rappelaient la comédie italienne ; en 1740, *L'Épreuve* sera sa dernière pièce créée par la troupe du Théâtre-Italien. Silvia a vieilli (elle a quarante ans), Thomassin est mort (1739), Marivaux semble avoir épuisé toutes les figures de ce que l'on peut appeler son système dramaturgique : depuis 1720, il avait composé près de trente pièces, dont la majorité pour les Italiens ; de 1740 à sa mort (1763), il n'en écrira plus que six ou sept, dont plusieurs ne seront même pas jouées.

Entre-temps, Luigi Riccoboni a pris sa « retraite » (il démissionne officiellement de la troupe en 1729 avec sa femme et son fils) : il a quitté la scène pour des missions secrètes en Angleterre et il a commencé à publier, en italien, puis surtout en français, des ouvrages théoriques (techniques de l'acteur, histoire comparée des théâtres européens, réforme morale du répertoire) particulièrement novateurs pour son temps. Son fils, François Antoine Riccoboni (1707-1772), dit « Lélio fils » aux Italiens, publiera aussi en 1750 un *Art du théâtre* qui décrit les techniques du jeu dramatique sur des principes opposés à ceux de son père – des principes que Diderot retrouvera dans son

Paradoxe sur le comédien (1773-1778) : c'est désormais le triomphe du « drame bourgeois », qui se veut « réaliste » et « moral », sur les fantaisies héritées des stéréotypes de la *commedia dell'arte*.

Après le départ des Riccoboni, l'acteur-auteur Romagnesi (1692-1762) prend la direction de la troupe des Italiens et Mario, le mari de Silvia, tient désormais le rôle de « premier amoureux » en Lélio. En 1762, le Nouveau Théâtre-Italien fusionne avec l'Opéra-Comique. Les derniers comédiens italiens sont renvoyés, une nouvelle fois, en 1779 : c'est l'époque où, même en Italie, le genre traditionnel de la *commedia dell'arte* décline, supplanté par un autre genre de comédie dite « de caractère », plus littéraire, avec Goldoni (1707-1793), notamment.

Aujourd'hui, en revanche, on a tendance à entretenir une sorte de mythe de la *commedia dell'arte* : considérée comme l'expression d'une « théâtralité absolue », elle sert de point de référence obligé aux metteurs en scène modernes qui exaltent l'art de l'acteur dégagé de toute contrainte de conventions et de cadres (la littéralité du texte, la mise et scène et son décor).

« Le goût pour le fictif s'est répandu à la fin du XVIIe siècle et au début du XVIIIe dans les formes populaires du théâtre français présentées par la Foire ou par les Comédiens-Italiens : puisque ce théâtre ne peut aborder les grands sujets, puisqu'il recherche un comique social revendicatif et une complicité avec le public, les nouveaux auteurs se sont rabattus sur les ressorts, ils les ont montrés à nu et en ont éprouvé, peut-être avec surprise, la force dramatique. Ce prépirandellisme (déjà italien en partie) devait aboutir à Marivaux, puisque celui-ci écrit dans cette tradition pour la troupe italienne et en fonction des acteurs mêmes aux talents desquels il ajustait ses rôles. Ces jeux de la fiction et de la vérité sont donc à la fois des conséquences historiquement explicables et des causes de la modernité de Marivaux, puisque nous y sommes aujourd'hui plus sensibles qu'aux jeux de l'amour et du hasard. »

Jacques Scherer,
« Analyse et mécanisme des *Fausses Confidences* »,
Cahiers Renaud-Barrault, n° 28, janvier 1960.

Paradoxe du comédien (1773) [illegible] l'homme de [illegible] la [illegible] sur le [illegible] des [illegible] profondément [illegible].

[illegible] départ des [illegible] (1773) [illegible] le [illegible] en 1784 [illegible].

[illegible]

[illegible]

VI - FIGURES DU VALET DE COMÉDIE

A. LE VALET-DIEU

Après avoir évoqué le roi de tragédie, Colette et Jacques Scherer abordent la comédie.

Celui-ci [le valet] fait tout, réussit tout, triomphe immanquablement ; il manie les hommes et les femmes comme s'il était un dieu. Cette position exaltée, qui lui a permis de conserver son importance depuis l'Antiquité, l'autorise à lancer un regard global sur la société, dont il fait une peinture qui est en même temps une critique. C'est parce qu'il est valet qu'il est dieu. Moteur de la comédie à travers les siècles, il n'a cette liberté et cette toute-puissance paradoxale que parce qu'il n'a pas accès au pouvoir réel. Ne possédant rien, il est à l'abri des problèmes sentimentaux de ses jeunes maîtres et des problèmes financiers des vieillards ; dans ce vide, il peut, comme l'auteur qui lui prête vie, construire ses intrigues ; il intrigue. [...] Le personnage tragique semble avoir tout et ne peut rien faire. Le personnage typiquement comique du valet-dieu, semble n'être rien et peut tout faire.

in *Le Théâtre en France*, éd. A. Colin,
1988, tome I, p. 233.

B. LE VALET-« MACHINISTE »

Au XVIIIe siècle, la comédie et le drame bourgeois ont substitué la machination *au* conflit *de la tragédie classique. J.-P. Sarrazac insiste sur l'importance du valet dans ce nouvel univers.*

La maison bourgeoise se présente alors comme un espace piégé où, à travers portes et fenêtres, s'introduisent subrepticement les messagers de la mauvaise fortune. Mais pour ourdir et désourdir la machination, pour accomplir le travail de la Providence, il faut sur la scène un machinateur – on dit à l'époque un « machiniste » – qui donne un peu de consistance charnelle à des tourments trop abstraits. De la figure du « machiniste » dans la dramaturgie du XVIIIe siècle, on peut dire qu'elle est omniprésente, de Lesage à Beaumarchais, de La Chaussée à Mercier, en passant par Marivaux, Voltaire et Diderot.

Si l'on met à part la comédie des débuts du siècle, qui n'est qu'un chassé-croisé de machinistes où chacun s'efforce de prendre l'autre dans ses filets (Frontin, résumant l'action de *Turcaret* : « Nous plumons une coquette, la coquette mange un homme d'affaires, l'homme d'affaires en pille un autre : cela fait un ricochet de fourberies le plus plaisant du monde »), la validité du « machiniste » dépend du relief humain de ce dernier tout autant que de son aptitude à faire rebondir l'action. Or, force est de constater que, pour un Marivaux dont les « machinistes » allient l'art de l'intrigue à une grande singularité psychologique et sociologique (le Trivelin de *La Fausse Suivante*, « tantôt maître, tantôt valet ; toujours prudent, toujours industrieux ; ami des fripons par intérêt, ami des honnêtes gens par goût ; traité poliment sous une figure, menacé d'étrivières sous une autre ; changeant à propos de métier, d'habit, de caractères, de mœurs... » ; le Dubois des *Fausses Confidences* qui assure à son maître, dont il manigance le mariage avec la riche veuve Araminte, « L'amour et moi, nous ferons le reste »), la plupart des auteurs délèguent leur pouvoir de machination à des créatures de peu de relief théâtral, généralement fades ou manichéennes...

[...]

Pour être esthétiquement réussi, le « machiniste » doit réunir deux « qualités », difficiles à concilier : être une projection de l'auteur, son prolongement sur la scène, et être un personnage *ambigu,* c'est-à-dire à la mesure de ces malheurs providentiels dont il est censé être l'agent ou le conducteur.

J.-P. Sarrazac, *op. cit.*, pp. 340-341.

C. LE REFUS DE LA CONDITION DOMESTIQUE

Dans la réalité sociale, la condition de domestique donne moins à rêver. L'héroïne de La Vie de Marianne, *jeune orphe-*

line sans fortune, ne voit dans cet état qu'une déchéance. Dans cet extrait du roman, un riche et vieux dévot, M. de Climal, dont les véritables intentions se révéleront plus tard, offre à Marianne de l'aider :

Comme vous n'avez nulle fortune dans ce monde, il faut voir à quoi vous vous destinez : la demoiselle qui est morte n'avait-elle rien résolu pour vous ? Elle avait, lui dis-je, intention de me mettre chez une marchande. Fort bien, reprit-il, j'approuve ses vues ; sont-elles de votre goût ? Parlez franchement, il y a plusieurs choses qui peuvent vous convenir ; j'ai, par exemple, une belle-sœur qui est une personne très raisonnable, fort à son aise, et qui vient de perdre une demoiselle qui était à son service, qu'elle aimait beaucoup, et à qui elle aurait fait du bien dans la suite ; si vous vouliez tenir sa place, je suis persuadé qu'elle vous prendrait avec plaisir.

Cette proposition me fit rougir. Hélas ! Monsieur, lui dis-je, quoique je n'aie rien, et que je ne sache à qui je suis, il me semble que j'aimerais mieux mourir que d'être chez quelqu'un en qualité de domestique ; et si j'avais mon père et ma mère, il y a toute apparence que j'en aurais moi-même, au lieu d'en servir à personne.

Je lui répondis cela d'une manière fort triste ; après quoi, versant quelques larmes : Puisque je suis obligée de travailler pour vivre, ajoutai-je en sanglotant, je préfère le plus petit métier qu'il y ait, et le plus pénible, pourvu que je sois libre, à l'état dont vous me parlez, quand j'y devrais faire ma fortune. Eh ! mon enfant, me dit-il, tranquillisez-vous ; je vous loue de penser comme cela, c'est une marque que vous avez du cœur, et cette fierté-là est permise.

[illegible]

Dieu des Trésors, quelle est ta gloire

Pour l'univers encense tes autels

Les autans, sur tes pas, font voler la victoire,

Et tu fais, à ton gré, le destin des mortels.

Que le dieu de la Guerre

Soit prêt à lancer son tonnerre,

Il s'arrête à ta voix.

VII - ARGENT ET « MARIVAUDAGE »

A. *LE TRIOMPHE DE PLUTUS* (1728)

Dans cette comédie-fantaisie en un acte, Marivaux traite, sur le mode léger et féroce, du pouvoir de l'argent. Apollon et Plutus, le dieu des Trésors, sont rivaux auprès de la belle Aminte. Plutus corrompra successivement Arlequin, valet d'Apollon, puis les musiciens qui doivent jouer le divertissement que le dieu de la Poésie et des Arts compose en l'honneur de sa belle ! Il est vrai que l'argent donne toutes les vertus, toutes les qualités : « Mon or et mon argent sont toujours beaux : cela ne prend point de rides ; un louis d'or de quatre-vingts ans est tout aussi beau qu'un louis d'or d'un jour, et cela est considérable d'être toujours jeune du côté du coffre-fort... Moi ! j'ai des millions de père en fils... Voilà ce qu'on appelle avoir du mérite, de l'esprit et de la taille... » Il ne reste plus à Apollon qu'à reconnaître sa défaite, et tout se termine par des chansons, mais quelles chansons !

DIVERTISSEMENT

Air

UN SUIVANT DE PLUTUS

Dieu des Trésors, quelle est ta gloire !
Tout l'univers encense tes autels.
Tes attraits, sur tes pas, font voler la victoire,
Et tu fais, à ton gré, le destin des mortels.
Que le dieu de la Guerre
Soit prêt à lancer son tonnerre,
Il s'arrête à ta voix,

Et si l'amour règne encore sur la terre,
Il doit à ton secours sa gloire et ses exploits.

On danse.

Reprise : Que le dieu...

Air

UNE SUIVANTE DE PLUTUS

Pour le dieu de la Richesse
Que sans cesse
Notre amour s'empresse.
Si pour nous il s'intéresse,
Ah ! que nos cœurs seront contents !
Nous aurons un éternel printemps ;
C'est la puissance
Qui dispose de l'abondance :
Avec Plutus,
On a Bacchus,
On a Comus[1],
On a Vénus.
Sous sa loi souveraine,
Tout fléchit même dans les cieux,
Il entraîne
Les suffrages de tous les dieux.
Reprise : Il entraîne...

Vaudeville

LE CHANTEUR

N'attendez pas qu'ici l'on vous révère
Si Plutus n'est votre dieu tutélaire.
Sans son pouvoir,
Tout le savoir
Que l'on fait voir
Ne peut valoir ;
Rien ne répond à notre espoir,
Le temps n'y peut rien faire.
Mais quand on tient ce métal salutaire,
Tout ce qu'on dit
Charme et ravit,

1. Dieu des plaisirs de la table.

Chacun nous rit,
Tout réussit.
Veut-on charge, honneurs ou crédit,
Un jour en fait l'affaire.
Reprise : Tout ce qu'on dit...

B. *LE LEGS* (1736)

Cette pièce, l'une des plus jouées de Marivaux à ce jour, a été représentée un an avant Les Fausses Confidences. *Comme le dit Bernard Dort : « C'est une des comédies les plus âpres et les plus serrées de Marivaux – une des plus objectives aussi, tant le regard que l'auteur jette sur ses personnages et sur leurs machinations est froid et exempt de toute complaisance. »*

Point de départ de l'intrigue : le Marquis hérite d'un legs de 600 000 francs, à condition d'épouser Hortense ou sinon de lui donner 200 000 francs. Celle-ci aime le Chevalier... mais voudrait toucher les 200 000 francs, ce qu'elle ne pourra si elle refuse le Marquis, qui, lui, aime la Comtesse... mais veut garder tout le magot. L'intrigue des maîtres, comme souvent chez Marivaux, est doublée par une intrigue analogue au niveau des domestiques. Lépine aime Lisette... mais leurs intérêts ne sont pas en harmonie avec leurs amours... et, comme leurs maîtres, ils ne voudraient pas sacrifier les premiers aux secondes.

Nous sommes dans une comédie, donc tout se terminera « bien ». Chacun épousera sa chacune. Mais c'est un univers où l'on affirme s'aimer, sans se faire trop d'illusions les uns sur les autres. Si l'on pouvait parler à propos du Triomphe de Plutus *de « férocité légère », on peut risquer ici le qualificatif de « sordide léger » !*

C. *LES ACTEURS DE BONNE FOI* (1757)

Éraste, neveu et héritier de Mme Amelin, doit épouser la jeune fille qu'il aime, Angélique. Mais la mère de celle-ci a contrarié Mme Amelin qui a décidé d'en tirer une petite vengeance, en lui faisant croire que le mariage est rompu. Elle demande à son amie Araminte de feindre de vouloir épouser Éraste. Celui-ci n'est pas au courant de la comédie qui va être jouée et en sera la victime momentanée. L'étonnant dans cette scène est qu'au-delà de son désespoir il ne trouve pas fondamentalement invraisemblable cette démarche d'Araminte : comme s'il était bien normal qu'une femme riche de

200 000 écus puisse s'acheter tout ce qu'il lui plaît, un mari par exemple, et sans lui demander son avis !

SCÈNE IX

Madame Amelin, Araminte, Éraste.

ÉRASTE

Vous m'avez ordonné de revenir ; que me voulez-vous, Madame ? La compagnie vous attend.

MADAME AMELIN

Qu'elle m'attende, mon neveu. je ne suis pas près de la rejoindre.

ÉRASTE

Vous me paraissez bien sérieuse, Madame : de quoi s'agit-il ?

MADAME AMELIN, *montrant Araminte.*

Éraste, que pensez-vous de Madame ?

ÉRASTE

Moi ? ce que tout le monde en pense : que Madame est fort aimable.

ARAMINTE

La réponse est flatteuse.

ÉRASTE

Elle est toute simple.

MADAME AMELIN

Mon neveu, son cœur et sa main, joints à trente mille livres de rente, ne valent-ils pas bien qu'on s'attache à elle ?

ÉRASTE

Y a-t-il quelqu'un à qui il soit besoin de persuader cette vérité-là ?

MADAME AMELIN

Je suis charmée de vous en voir si persuadé vous-même.

ÉRASTE

À propos de quoi en êtes-vous si charmée, Madame ?

MADAME AMELIN

C'est que je trouve à propos de vous marier avec elle.

ÉRASTE

Moi, ma tante ? Vous plaisantez, et je suis sûr que Madame ne serait pas de cet avis-là.

MADAME AMELIN

C'est pourtant elle qui me le propose.

ÉRASTE, *surpris*.

De m'épouser ! vous Madame !

ARAMINTE

Pourquoi non, Éraste ? cela me paraîtrait assez convenable ; qu'en dites-vous ?

MADAME AMELIN

Ce qu'il en dit ? En êtes-vous en peine ?

ARAMINTE

Il ne répond pourtant rien.

MADAME AMELIN

C'est d'étonnement et de joie, n'est-ce pas, mon neveu ?

ÉRASTE

Madame...

MADAME AMELIN

Quoi ?

ÉRASTE

On n'épouse pas deux femmes.

MADAME AMELIN

Où en prenez-vous deux ? on ne vous parle que de Madame.

ARAMINTE

Et vous aurez la bonté de n'épouser que moi non plus, assurément.

ÉRASTE

Vous méritez un cœur tout entier, Madame ; et vous savez que j'adore Angélique, qu'il m'est impossible d'aimer ailleurs.

ARAMINTE

Impossible, Éraste, impossible ! Oh ! puisque vous le prenez sur ce ton-là, vous m'aimerez, s'il vous plaît.

ERASTE

Je ne m'y attends pas, Madame.

ARAMINTE

Vous m'aimerez, vous dis-je ; on m'a promis votre cœur, et je prétends qu'on me le tienne ; je crois que d'en donner deux cent mille écus, c'est le payer tout ce qu'il vaut, et qu'il y en a peu de ce prix-là.

ÉRASTE

Angélique l'estimerait davantage.

MADAME AMELIN

Qu'elle l'estime ce qu'elle voudra, j'ai garanti que Madame l'aurait : il faut qu'elle l'ait, et que vous dégagiez ma parole.

ÉRASTE

Ah ! Madame, voulez-vous me désespérer ?

ARAMINTE

Comment donc : vous désespérer ?

MADAME AMELIN

Laissez-le dire. Courage, mon neveu, courage !

ÉRASTE

Juste ciel !

D – *LE CHEMIN DE LA FORTUNE* OU *LE SAUT DU FOSSÉ* (1734)

Le pauvre mais vertueux Lucidor et le valet La Verdure, vêtu d'une livrée étincelante, arrivent devant le palais de la déesse Fortune, auquel on ne peut accéder qu'en sautant un large fossé. Au bord du chemin, les tombes où Le Scrupule a enterré les « vertus » de ceux qui ont franchi le fossé (ex. « Ci-gît la fidélité d'un ami », « Ci-gît la morale d'un philosophe »). La Fortune vient interroger les nouveaux venus pour savoir si elle va les accepter. Ni La Verdure ni Lucidor n'entreront dans son château, tandis que le grossier et cynique M. Rondelet saute le fossé sans la moindre hésitation.

Ce petit chef-d'œuvre d'ironie grinçante est une suite de scènes que Marivaux n'a pas écrites pour être jouées, mais pour être publiées dans *Le Cabinet du philosophe* (3e et 4e feuilles), d'où l'importance des dimensions symbolique et satirique de cette apparition « féerique » de dame Fortune. Avec des allusions directes à l'actualité (le « seigneur moderne de la rue Quincampoix » fait référence à la banqueroute de Law, dont Marivaux fut l'une des victimes, voir p. 196), Marivaux vise le débat moral : la place que tient l'argent dans la société, le risque permanent de perversion qu'il représente pour « l'honnête homme ».

La société française longtemps figée dans ses principes archaïques commence à éprouver les symptômes d'un phénomène qui la travaille depuis déjà le règne de Louis XIV : la montée en puissance de la bourgeoisie qui substitue aux anciennes valeurs de la naissance et de la noblesse celles de la réussite et de la fortune. « Une société d'ordres se mue lentement, profondément, en une société de classes » (Pierre Chaunu, *La Civilisation de l'Europe des lumières*, Arthaud, 1971).

« Le phénomène de l'extraordinaire réussite puis de la banqueroute de Law viennent illustrer de façon exemplaire ce nouvel état d'esprit : l'argent est désormais la première des valeurs. Belle occasion pour le philosophe de voir là le signe proprement "prophétique" d'une mutation irréversible, comme l'écrit un certain persan à son lointain ami : "Tous ceux qui étaient riches il y a six mois sont à présent dans la pauvreté, et ceux qui n'avaient pas de pain regorgent de richesses. Jamais ces deux extrémités ne se sont touchées de si près. L'Étranger a tourné l'État comme un fripier son habit : il fait paraître dessus ce qui était dessous, et, ce qui était dessous, il le met à l'envers. Quelles fortunes inespérées, incroyables même à ceux qui les ont faites ! Dieu ne tire pas plus rapidement les hommes du néant. Que de valets servis par leurs camarades et peut-être demain par leurs maîtres ! Tout ceci produit souvent des choses bizarres. Les laquais qui avaient fait fortune sous le règne passé vantent aujourd'hui leur naissance ; ils rendent à ceux qui viennent de quitter leur livrée dans une certaine rue (c'est-à-dire la rue Quincampoix où se trouvait le siège de la banque de Law) tout le mépris qu'on avait pour eux il y a six mois ; ils crient de toute leur force : La noblesse est ruinée ! Quel désordre dans l'État ! Quelle confusion dans les rangs ! On ne voit que des inconnus faire fortune ! Je te promets que ceux-ci prendront bien leur revanche sur ceux qui viendront après eux, et que, dans trente ans, ces gens de qualité feront bien du bruit" » (Rica à Ibben, Montesquieu, *Lettres persanes*, 138).

Belle occasion, encore, pour un auteur – qui fut lui-même, au demeurant, spéculateur ruiné par la banqueroute – de mettre à la scène un maître et un valet capables de résister aux sirènes de la Fortune ! Plus que jamais, on le voit et on l'entend, « l'honnête homme » se lamente sur la vanité des choses humaines, tandis que le fripon s'en réjouit ! « S'il n'est pas encore un monsieur, peut-être qu'il le sera un jour ; aujourd'hui serviteur, demain maître ; il y en a bien d'autres que lui qui ont été aux gages des gens, et puis qui ont eu des gens à leurs gages » (Mme d'Alain à propos de Jacob dans *Le Paysan parvenu*, deuxième partie) » (A. Collognat, préface de *Maîtres et valets dans la comédie du* XVIIIe *siècle*, même collection).

Le personnage du valet La Verdure, « joli garçon » déluré et clairvoyant, est à rapprocher de Jacob, le « paysan parvenu » (voir p. 174) : tous deux refusent le « petit ménage » arrangé par un maître porté sur « les amours ancillaires » et dont ils ne sont pas dupes (« Je n'épouserais qu'en secondes noces »). On retrouvera le même type de situation (le maître convoitant la servante) entre Figaro, Suzanne, et Almaviva (Beaumarchais, *Le Mariage de Figaro*, même collection, n° 6227).

SCÈNE V

LA SUIVANTE de la Fortune.

Déesse, fera-t-on approcher tous les étrangers qui s'ont venus vous demander votre secours ?

LA FORTUNE, *sur son trône.*

Qu'ils paraissent.

LA VERDURE

Madame.

LA SUIVANTE

Taisez-vous, vous manquez de respect à la Déesse ; il est trop familier de s'adresser directement à elle. Je vous interrogerai, vous me répondrez et la Déesse décidera : c'est ainsi que cela se pratique ; apprenez la cérémonie.

LA VERDURE, *saluant.*

Je supplie Sa Majesté de pardonner à l'ignorance de son très humble sujet.

LA SUIVANTE

Vous n'êtes pas non plus dans une posture assez soumise : on ne paraît qu'en esclave devant elle. À genoux !

LA VERDURE

M'y voilà.

LA FORTUNE, *de dessus son trône.*

Interrogez-le avec bonté je suis volontiers favorable aux mortels de son espèce ; j'ai du faible pour eux. Je trouve celui-ci un joli garçon ; il a je ne sais quoi d'ardent et de hardi dans la physionomie, qui me plaît. Son ajustement même est de mon goût ; cet habit-là me gagne.

LA VERDURE, *dans sa joie, relevant un genou.*

Ah ! Madame, mon habit, ma physionomie et moi, nous sommes tous trois bien honorés de vous plaire, et Votre Hauteur me traite d'une manière...

LA SUIVANTE

Paix, vous dis-je, et à genoux.

LA VERDURE

Excusez mon transport.

LA FORTUNE

Passez-lui quelque chose ; je ne me pique pas d'être si fière avec lui.

LA VERDURE, *charmé.*

Ah ! ah !

LA FORTUNE

Demandez-lui ce qu'il veut. Pourquoi ne l'ai-je pas déjà trouvé chez moi ? Le saut qu'il fallait faire l'aurait-il arrêté ? Comment le désir de venir à moi ne lui a-t-il pas fermé les yeux ? Vite, qu'il nous dise ce qui l'a arrêté. Mais que notre ami réponde à son aise, et qu'il prenne une posture moins gênante ; je lui épargne cet abaissement-là.

LA SUIVANTE

Levez-vous.

LA VERDURE

J'obéis.

LA SUIVANTE

Qui êtes-vous ?

LA VERDURE

Chevalier de l'Arc-en-ciel.

LA SUIVANTE

Je le vois bien, et je vous demande ce qu'étaient vos parents.

LA VERDURE

Je n'en sais rien ; je ne les ai jamais connus.

LA SUIVANTE

Vous les avez perdus au berceau ?

LA VERDURE

Non ; ce sont eux qui m'ont perdu ; et je fus trouvé par un commissaire.

LA FORTUNE, *descendant de son trône.*

Ah ! je n'y saurais tenir : venez, mon fils ; venez, digne objet de ma complaisance ; que je vous embrasse. Combien de qualités n'apportez-vous pas pour me plaire ! Je ne m'étonne plus du penchant que j'avais pour vous.

LA SUIVANTE, *à part.*

La Fortune deviendra folle de ce garçon-là. (*Haut.*) Pourquoi n'avez-vous pas sauté ? Où est l'intrépidité que doit vous inspirer une aussi heureuse naissance ? Chez qui êtes-vous aujourd'hui ?

La Fortune se remet sur son trône.

LA VERDURE

Chez un homme que la Déesse a comblé de ses grâces, dans le temps qu'elle logeait rue Quincampoix ; et il ne tient pas à lui que je ne change d'état ; il y aurait longtemps que je disposerais de la couleur de mon habit, si je voulais l'en croire.

LA SUIVANTE

Eh ! que vous dit ce seigneur moderne ?

LA VERDURE

Qu'il me donnera des emplois ; qu'il me fera riche si je veux épouser Lisette, ci-devant une petite femme de chambre extrêmement jolie, tout à fait mignonne vraiment et parfaitement nippée. Ce serait ma foi un bon petit ménage tout dressé et qui n'attend que moi pour devenir honnête ; mais néant.

LA SUIVANTE

Eh ! qu'est-ce qui vous arrête ?

LA VERDURE

C'est que je n'épouserais qu'en secondes noces. Mon maître m'est un peu suspect ; je n'aime pas les veuves dont le mari vit encore.

LA FORTUNE

Ah ! le benêt ! ah ! le sot ! J'en allais faire mon enfant gâté. Allons, qu'il se retire : je ne veux plus le voir.

LA VERDURE

Mais, ma Déesse...

LA SUIVANTE

Allez-vous-en, vous reviendrez une autre fois : mais ne reparaissez que bien déterminé.

E. INTERTEXTE

Bien sûr, Marivaux n'est pas le seul en son siècle à dénoncer le pouvoir absolu de l'argent. On trouvera ci-après un texte de Diderot, un autre de Chamfort.

1. *Le Neveu de Rameau*

Dans le personnage de Diderot on perçoit un écho de l'« indigent philosophe » inventé par Marivaux en 1727, et qui sous le masque d'un gueux à la Diogène ironise parfois très cyniquement sur les mœurs du temps. Ici le Neveu explique au philosophe comment il éduque son enfant :

De l'or, de l'or. L'or est tout ; et le reste, sans or, n'est rien. Aussi au lieu de lui farcir la tête de belles maximes qu'il faudrait qu'il oubliât, sous peine de n'être qu'un gueux, lors que je possède un louis, ce qui ne m'arrive pas souvent, je me plante devant lui. Je tire le louis de ma poche. Je le lui montre avec admiration. J'élève les yeux au ciel. Je baise le louis devant lui. Et pour lui faire entendre mieux encore l'importance de la pièce sacrée, je lui bégaye de la voix ; je lui désigne du doigt tout ce qu'on en peut acquérir, un beau fourreau, un beau toquet, un bon biscuit. Ensuite je mets le louis dans ma poche. Je me promène avec fierté ; je relève la basque de ma veste ; je frappe de la main sur mon gousset ; et c'est ainsi que je lui fais concevoir que c'est du louis qui est là, que naît l'assurance qu'il me voit.

(Pocket Classiques, n° 6180).

2. Pensée n° 397 de Chamfort (1795)

« Nous avons vu des hommes réputés honnêtes, des sociétés considérables, applaudir au bonheur de Mlle..., jeune personne, belle, spirituelle, vertueuse, qui obtenait l'avantage de devenir l'épouse de M...., vieillard malsain, repoussant, malhonnête, imbécile, mais riche. Si quelque chose caractérise un siècle infâme, c'est un pareil sujet de triomphe, c'est le ridicule d'une telle joie, c'est ce renversement de toutes les idées morales et naturelles. »

VIII - BIBLIOGRAPHIE

Œuvres de Marivaux :

Théâtre complet.

Éd. J. Scherer, B. Dort. Coll. L'Intégrale, Seuil, 1964.

Éd. F. Deloffre, F. Rubellin. Garnier, 1989-92.

Éd. H. Coulet, M. Gilot. La Pléiade, 1993-94, 2 tomes (*Les Fausses Confidences* in t. II)

La Vie de Marianne, Garnier-Flammarion, 1978.

Journaux et œuvres diverses, Garnier, 1969.

Études critiques

H. COULET, M. Gilot, *Marivaux, un humanisme expérimental*, Larousse, Coll. Thèmes et textes, 1973.

F. DELOFFRE. *Une préciosité nouvelle : Marivaux et le marivaudage,* A. Colin, 1955, 1971.

R. DÉMORIS, *Les Fausses Confidences de Marivaux,* Belin, série Lectures de..., 1987.

M. DESCOTES, *Les grands rôles du théâtre de Marivaux,* P.U.F., 1972.

B. DORT, *Le tourniquet de Marivaux*, Cahiers du Studio-Théâtre n° 16, oct. 1979.

À la recherche de l'amour et de la vérité : esquisse d'un système marivaudien, 1962. In *Théâtres,* Le Seuil, coll. Points, 1986.

J. de JOMARON et coll. *Le théâtre en France.* A. Colin, 1988. Pochothèque, 1992.

P. LARTHOMAS, *Le théâtre en France au XVIIIe siècle,* P.U.F., QSJ n° 1848, 1980.

R. MAUZI, *L'idée de bonheur dans la littérature et la pensée française au XVIIIe siècle,* A. Colin, 1960.

P. PAVIS, *Marivaux à l'épreuve de la scène,* Publication de la Sorbonne, 1986.

Cl. ROY, *Lire Marivaux*, Neuchâtel, Paris, Le Seuil, 1947.

J. ROUSSET, *Marivaux et la structure du double registre,* in *Forme et signification*, Corti, 1964, 1992.

J. K. SANAKER, *Le discours mal apprivoisé,* Oslo, Paris, Didier-Érudition, 1987.

J. SCHERER, *Analyse et mécanisme des Fausses Confidences,* Cahiers Renaud-Barrault n° 28, janv. 1960.

A. TISSIER, *Les Fausses Confidences de Marivaux,* SEDES, 1976.

IX - SCÉNOGRAPHIE

1737, 16 mars. Première représentation par les Comédiens-Italiens des *Fausses Confidences*. Dubois est joué par Deshayes, Dorante par Romagnesi, Araminte par Silvia, l'actrice préférée de Marivaux (de son vrai nom Zanetta Benozzi, 36 ans, épouse de Mario, qui joue le Comte, elle avait interprété sept ans auparavant le rôle de Silvia dans *Le Jeu de l'Amour et du Hasard*). L'accueil du public est très tiède. La pièce déçoit par son manque de nouveauté : encore une « surprise de l'amour »... Il est possible qu'elle ait souffert d'un manque de répétitions. Il n'y aura que 6 représentations et la recette sera médiocre.

1738. Reprise, toujours par les Comédiens-Italiens. Cette fois le succès est au rendez-vous. D'après *Le Mercure,* « le public a rendu, à la reprise, à cette ingénieuse pièce la justice qu'elle mérite, ayant été représentée par les principaux acteurs dans la plus grande perfection ». Le grand amateur de théâtre qu'est le marquis d'Argenson apprécie que Silvia y joue « divinement en quelques endroits ». Mais, passant du jugement esthétique à l'idéologique, il ajoute : « Il y a de l'indécence au parti d'épouser son intendant ; il est vrai que l'on suppose la dame plus riche que qualifiée. »

Les Fausses Confidences sont jouées régulièrement, du vivant et après la mort de Marivaux, jusqu'à la fin du siècle.

1793. Louise Contat triomphe en Araminte avec les Comédiens-Français au Théâtre de la Nation. « L'enthousiasme excité par le jeu des citoyennes Contat et Joly et des citoyens Fleury (Dorante) et Dazincourt (Dubois) a été porté à son comble »

(*Le Journal de Paris*). Il est possible que les spectateurs de l'époque aient retrouvé dans *Les Fausses Confidences* l'expression de leurs aspirations généreuses à un monde où le « mérite » l'emporterait sur la « fortune » et la « qualité ». Après d'Argenson stigmatisant dans le mariage final la déchéance des valeurs aristocratiques, les bourgeois révolutionnaires de 1793 auraient applaudi en Araminte et Dorante le couple de l'avenir. Du point de vue de l'interprétation, le jeu de Louise Contat, d'après les témoignages, pose un problème sérieux. Il semble qu'elle ait joué Araminte en « grande dame de cour », avec une « magnifique insolence ». Elle fait de son personnage une coquette, une conquérante. Mais Araminte n'est pas une coquette, elle est conquise et non pas conquérante. Ce style de jeu aura une postérité tenace. Mlle Contat jouera le rôle jusqu'en 1809. Stendhal n'aime pas sa manière de jouer « trop marquée, trop affectée ». Ceci dit, il n'aime guère non plus Marivaux : il l'accuse d'avoir « peur du naturel », lui reproche son « tatillonnage » (encore une dégradation du marivaudage !).

1810. Mlle Mars succède à Mlle Contat. Stendhal trouve son Araminte « touchante ». Mais Théophile Gautier la juge encore trop spirituelle et dominatrice, et lui reproche de manquer le « côté fantasque, rêveur, souvent sensible » du personnage. L'œil de Gautier est sans doute plus juste que celui de Stendhal.

1853. Au Théâtre-Français, l'interprétation de la pièce continue d'être centrée sur Araminte. Et le rôle est toujours joué sur le mode « conquérant » par Mme Arnould-Plessy. Gautier la loue pour son jeu où elle met « beaucoup de grâce, de beauté, de manège, d'esprit, de brillant » et précise qu'elle joue le rôle « en y mettant une éblouissante coquetterie ». La comédienne perpétue la tradition de jeu, à contresens, inaugurée par Mlle Contat.

1870. Toujours sur la même scène, Madeleine Brohan renouvelle le personnage d'Araminte. Celle-ci n'est plus une conquérante mais une amoureuse vaincue d'avance. Elle se débat, mais, comme le dit le critique Francisque Sarcey, elle n'est pas « faite pour la résistance ».

À la fin du siècle et au début du suivant, en même temps que la critique commence à percevoir que Marivaux n'est pas réductible au « marivaudage », l'avènement du metteur en scène permet enfin d'aborder son théâtre d'un point de vue qui n'est plus exclusivement littéraire et psychologique. Copeau relit Molière à la lumière du théâtre qui a été le terreau de son écriture scénique : la farce, la *commedia dell'arte*. Il en sera de même pour Marivaux. On se ressouvient qu'il a écrit l'essentiel de son œuvre pour des comédiens très particuliers, dont le jeu au XVIIIe siècle était très différent de celui des Comédiens-Français : les Comédiens-Italiens. Le jeu des Comédiens-Français tirait Marivaux vers l'approfondissement des motivations psychologiques et le réalisme social (ce à quoi d'ailleurs *Les Fausses Confidences* se prêtent plus que d'autres pièces). Le retour à la tradition des Italiens réintroduit la primauté de la scène, la théâtralité, la convention, ainsi que l'utilisation de l'espace et du corps des acteurs qui en sont inséparables. Le metteur en scène et historien du théâtre Xavier de Courville sera le propagandiste efficace de ce nouveau Marivaux. Comme quoi la « modernité » peut se fonder dans un retour aux sources.

1938. À la Comédie-Française, Madeleine Renaud compose une Araminte qui est aux antipodes du jeu dominant au XIXe siècle. Elle joue la sincérité absolue. Il ne s'agit plus d'être spirituelle, grande dame... mais d'être Araminte. Robert Kemp évoque son « visage clair », sa « voix transparente » qui permet au spectateur de « voir naître toutes ses émotions ».

1946. Madeleine Renaud reprend le rôle au Théâtre Marigny. À nouveau elle séduit le public par son jeu vif et sensible. Mais, cette fois, elle est intégrée dans un ensemble conçu par Jean-Louis Barrault. Metteur en scène, il joue également le rôle de Dubois. Celui-ci devient le personnage central – sinon principal –, le grand « machinateur » du scénario qui aboutit au mariage final. Vêtu d'un costume de fantaisie, noir et blanc, il prend l'allure d'un valet de *commedia dell' arte*, plus amusant qu'inquiétant. Arlequin (J.-P. Granval) a l'habit bariolé de la tradition. Les autres personnages sont costumés dans le style XVIIIe siècle, mais sans recherche de réalisme historique. Dorante est joué par Jean Dessailly. J.-L. Barrault et son scénographe ont éclairé l'intérieur marivaudien traditionnel en l'ouvrant sur les verdures d'un parc. Le décor, dans son ensemble, où domine le blanc, est très lumineux.

Le choix interprétatif de Barrault est, lui aussi, très « lumineux » : Dorante aime sincèrement Araminte ; celle-ci, grâce au plan, plus angélique que diabolique, de Dubois, lui tombe dans les bras. Dans la lignée de Xavier de Courville, le style de jeu est du côté de la théâtralité à l'italienne : enjouement et stylisation. Le public a gardé le souvenir d'un très beau spectacle.

1959. Reprise à l'Odéon de la mise en scène de J.-L. Barrault. Le critique C. Baignières (*Le Figaro*, 16/12/59) y voit un « miracle d'équilibre entre la grâce policée, un peu superficielle, du XVIIIe siècle, et ce vague de l'âme propre au XIXe ». B. Poirot-Delpech (*Le Monde*, 16/12/59) souligne la perfection du jeu de Madeleine Renaud, cet « art consommé qu'elle met à trahir d'un sourire le moindre cheminement de l'esprit comme les plus imperceptibles trébuchements du cœur ».

1969. Jean Piat met en scène *Les Fausses Confidences* à la Comédie-Française. Les choix de Jean Piat ont quelque analogie avec ceux de Barrault. Comme lui, il joue aussi le rôle de Dubois. Comme chez Barrault ; Dorante (Jacques Toja) est un amoureux sincère dépassé par les circonstances. Micheline Boudet en Araminte est une jeune veuve qui cherche à garder sa lucidité, mais ne peut résister à la « surprise » de l'amour. Denise Gence joue Mme Argante, François Chaumette le Comte. Même si le Dubois de Piat remplit la même fonction de « médiateur » bienveillant qui est celle du Dubois de Barrault, son style en diffère notamment. Toujours hilare, sûr de lui, un rien sarcastique, plein d'entrain, Jean Piat « surjoue » le rôle, fidèle en cela au principe de la stylisation à l'italienne. Les costumes et les décors, eux, sont plus conventionnels, renvoyant à un certain réalisme XVIIIe siècle. Un spectacle très alerte, très gai, auquel le metteur en scène Piat/Dubois insuffle son tempo et son allégresse (version télévisée en 1971).

1979. Au théâtre Gérard-Philipe de Saint-Denis, Jacques Lassalle met en scène des *Fausses Confidences* qui prennent l'exact contrepied de celles de Barrault (et de Piat). Il fait une lecture « sérieuse », idéologique de la pièce. Nous sommes dans un XVIIIe siècle « réaliste », historique, ce XVIIIe dont Marivaux dénonce l'asservissement au dieu Argent dans ses journaux. L'Araminte d'Emmanuelle Riva est devenue la proie de deux aigrefins qui ne pensent qu'à son argent, un comte désargenté et un gigolo sans le sou. Quant à Dubois (Maurice Garrel) qui organise le complot, il sera la victime de sa complicité avec son ancien maître. « Bouc émissaire d'une histoire qui le dépasse de beaucoup » (P. Pavis), il est évident qu'il ne pourra rester au service du couple qu'il a contribué à former. Menacé d'abord de renvoi par Araminte (III, 9), après l'aveu de la machination par Dorante à Araminte (III, 12), il ne peut qu'être de trop. Le texte, considéré isolément, permet une telle lecture. Mais il n'est pas sûr du tout, si on le resitue dans son contexte historique, son intertexte marivaudien, que telle ait été la visée de l'auteur.

1993. Dans la mise en scène de Christian Rist au Théâtre National de Chaillot, nous sommes revenus à une vision moins machiavélique de l'intrigue. Dubois (Didier Bezace) s'est lancé dans cette entreprise « plus par défi et goût du beau jeu que par intérêt » (O. Schmitt, *Le Monde*, 14-15/02/93). Dorante (Jean-Yves Berteloot) est amoureux fou d'Araminte. Nathalie Baye, dans le rôle, joue l'émotion, le charme, l'attendrissement. Un « décor simple et beau de Lou Goaco – un parquet en demi-lune figure une rose des vents déboussolée où l'ouest a échangé sa place avec l'est (la guerre !) – ; les lourdes tentures du salon de Mme Argante deviennent comme par magie translucides pour laisser entrevoir un jardin planté d'arbres... » (*ibid.*).

1996. Après *La Double Inconstance* au Théâtre du Vieux-Colombier en 1995, Jean-Pierre Miquel, administrateur de la Comédie-Française, met en scène *Les Fausses Confidences* en octobre 1996 salle Richelieu (la dernière présentation de la pièce avait été dirigée par Michel Etcheverry en 1977 et jouée jusqu'en 1980). Dans un décor de Dominique Schmitt, intemporel et caractérisé par un jeu de rideaux, blancs ou imprimés, les personnages s'affrontent, se confrontent, face à face ou assis autour d'une table qui les rassemble. La distribution (Cécile Brune dans le rôle d'Araminte, Laurent d'Olce dans celui de Dorante, Gérard Giroudon en Dubois), renouvelle tout particulièrement l'interprétation de Madame Argante (Catherine Samie) et du Comte (Andrzej Seweryn), mettant ainsi en avant la place qu'ils occupent au sein de l'univers familial et social d'Araminte (voir les propos de J.-P. Miquel cités p. 165).

X - FILMOGRAPHIE

1967. Téléfilm de Pierre Gavarry, avec les Comédiens-Français, tourné au château de Villarceaux dans le Vexin.

1968. Téléfilm de Dominique Réty dans une mise en scène de J.-L. Cochet. Le lieu scénique est une terrasse-charmille.

1971. Téléfilm de J.-M. Coldefy dans la mise en scène de Jean Piat (voir p. 246). Tourné sur la scène de l'Odéon, c'est la meilleure réalisation télévisuelle à ce jour. Même distribution qu'à la Comédie-Française, sauf Dorante (Simon Eine) et le Comte (Bernard Dhéran). Rediffusion en 1980, 1987 et 1993.

1984. Film de Daniel Moosman (Araminte : Brigitte Fossey ; Dubois : Roger Coggio ; Dorante : J.-P. Bouvier ; Marton : Fanny Cottençon).

TABLE DES MATIÈRES

II – DOSSIER HISTORIQUE ET LITTÉRAIRE

Cet ouvrage a été composé par
PCA - 44400 REZÉ

IMPRIMÉ EN FRANCE PAR BRODARD ET TAUPIN
6293W – La Flèche (Sarthe), le 03-08-1999
Dépôt légal : août 1999

POCKET – 12, avenue d'Italie - 75627 Paris cedex 13
Tél. : 01.44.16.05.00